KB199540

궁금해요, 불교

궁금해요, **불교**

도업 지음

매 주제마다 문제 풀이를 통해
자신의 불교 실력을 확인!

운주사

머리말

필자는 2011년부터 동국대학교에서 '불교와 인간'을 강의하고 있는데, 이때 가장 중점을 둔 것은 일반 학생들에게 어떻게 하면 불교를 쉽게 이해시킬 수 있을까 하는 점이었다.

불자佛子가 아닌, 생전 처음 불교라는 것을 접하는 학생들에게 불교를 가르치기 위해서는 다양한 측면에서의 고민과 접근이 필요했다. 이 책은 그러한 과정과 노력의 결과물이다.

이 책은 모두 12강으로 구성되어 있는데, 그 내용은 대략 다음과 같다.

제1강은 이 책의 서론 격으로, 종교로서의 불교에 대해 설명하고 있으며, 제2강은 석가모니 부처님의 생애를 다룬다. 제3강은 세상의 이치를 설명하는 연기법緣起法을, 제4강은 성스러운 삶에 이르는 4가지 진리(사성제)를 다루는데, 이 두 개념은 불교의 가장 기본적인 교리이다. 제5강은 불교의 존재론에 대해 살펴볼 수 있는 삼과설三科說이고, 제6강은 업業과 윤회輪廻에 대한 설명이다. 제7강은 삼독三毒과 사종탐四種貪에 대한 이해이고, 제8강은 부파불교(部派佛教, Hinayāna)와 대승불교(Mahāyāna), 그리고 대승불교의 실천수행법인 6바라밀에 대한 이해이다. 제9강은 석가모니 부처님의 중생 교화를 경전 속의 일화를 중심으로 살펴본다. 제10강과 제11강, 제12강은 불교문화상식에 관한 것으로, 불전사물과 불상의 수인, 사찰과 심우도, 불교의 효孝사상 등에 대해 살펴본다.

부족하고 미숙한 점이 많은데도 불구하고, 이 책이 나오기까지 물심양면으로 도와주신 세간과 출세간의 제불보살님의 불은佛恩과 불연佛緣, 사은師恩 등 인연있는 모든 분들에게 이 자리를 빌려 깊은 감사의 마음을 전한다. 그리고 엄두가 나지 않아 무척이나 조심스러워 망설이고 있을 때, 예전 책에 이어 이번에도 따뜻한 배려의 마음으로 응원과 채근을 아끼지 않고, 이 책이 출간될 수 있게 도와주신 운주사 김시열 사장님과 편집과 교정 작업을 해주신 운주사 임직원들께도 감사의 마음을 전하며, 운주사의 무궁한 발전과 항상 불보살의 가피와 공덕이 있으시길 기원한다.

본서에는 필자를 출가의 길과 학문의 길로 이끌어주신, 지금은 고인이 되신 종種자 성晟자 노스님과 출가스승이신 동東자 진震자 은사스님의 따뜻한 배려와 자비하신 마음이 고스란히 함의含意되어 있다. 종성種晟 노스님은 어려운 사찰 여건에도 불구하고 나에게 학문의 길을 열어주신 불연佛緣의 스승이시고, 은사스님은 내가 학위취득 후 오늘날까지 동국대학교에 출강하고 연구할 수 있도록 사찰의 제반 업무를 몸소 맡아 해주셨기 때문이다. 이 두 분이 아니었다면 이 책은 세상에 나오지 못했을 것이다. 이 지면을 빌려 종성 노스님과 동진 은사스님께 머리 숙여 깊은 고마움의 마음을 전하고 싶다.

끝으로 많이 부족하지만, 다겁다생 선망부모와 인연있는 일체권속 영가들과 모든 유정무정의 중생들과 함께 이 책을 삼세제불보살전三世

諸佛菩薩前과 삼처三處에 회향하고자 한다. 부디 이 인연공덕으로 모든 중생들이 부처님의 회상에서 만날 수 있기를!

삼성산 국사봉 산하 백우선원에서

도업道業 합장

부처님의 일생 연표*

기원전 B.C.E.(Before the Common Era)		
624		인도 동북부 까삘라국에서 숫도다나왕과 마야왕비 사이에서 탄생
618	7세	전통적인 학문과 기예를 닦음
		잠부나무 아래에서의 선정
605	19세	야소다라와 결혼
		부왕이 삼시전三時殿을 세우고 마음껏 오욕락을 즐기게 함.
		사문유관(四門遊觀: 성 밖에서 생로병사의 괴로움을 목격함)
595	29세	아들 라훌라 출생
		출가
		알라라깔라마와 웃다까라마뿟따 등 여러 수행자들을 탐방하고 수행
		히말라야 산 기슭에서 6년 동안 고행
589	35세	보드가야의 보리수 아래서 성도成道
		최초로 땁뿟사와 발리까라는 두 상인의 귀의를 받음
588	36세	바라나시 녹야원에서 5비구에게 초전법륜
		네란자라 강가에서 깟사빠 삼형제를 제도
		빔비사라왕이 승가 최초의 정사인 죽림정사를 기증
587	37세	숫도다나왕의 부름에 따라 까삘라왓투 방문
		난다와 라훌라의 출가
		아난다, 아누룻다 등 사까족 왕자들과 우빨리의 출가
586	38세	수닷따 장자의 보시로 기원정사 건립
		빠세나디왕의 귀의
		웨살리의 재앙 퇴치
584	40세	사까족과 꼴리야족의 물싸움을 해결
		숫도다나왕의 서거
		마하빠자빠띠 등 여성의 출가, 비구니 승가의 탄생

582	42세	찐짜의 부처님 모함과 비방
580	44세	꼬삼비 승가의 분쟁
579	45세	꼬삼비 승가의 분쟁 해결
		빠릴레이야까 안거
		사왓티로 갔다가 다시 마가다로 이동
577	47세	웨란자 안거
		사왓티성으로 가서 라훌라를 위해 설법
575	49세	라훌라 구족계를 받음
569	55세	아난다가 부처님의 시자가 됨
568	56세	잘리니숲의 살인마 앙굴리말라를 제도
567	57세	빔비사라왕의 태자 아자따삿뚜 출생
562	62세	매년 사왓티에서 우기雨期 안거
545	79세	사리뿟따, 마하목갈라나, 마하빠자빠띠의 입적
		아자따삿뚜왕이 왓지를 치고자 사신 왓사까라를 보내 부처님에게 의견을 물음
544	80세	꾸시나라에서 반열반

* 대한불교조계종 교육원, 『부처님의 생애』, 조계종출판사, 2010, pp.424~425 재인용.

• 제1강 •

불교의 종교적 이해

1. 불교란 무엇인가?

불교佛教는 석가모니불釋迦牟尼佛께서 말씀하신 교법教法과 그 발달하고 분파한 온갖 교리와 법문과 종지宗旨의 총칭으로, 부처님의 가르침을 믿고 수행하는 종교이다. 여기서 지칭한 '불佛'이란 인도의 산스크리트어 '붓다(buddha)'의 음사로 '깨달은 사람'을 말한다. 따라서 불교는 진리에 대한 깨달음을 통해 지혜를 습득하고, 인격을 완성하여 자유롭고 행복한 인간이 되는 데 그 가치가 있다. 결론적으로 말한다면, 불교는 석가모니 부처님(불타)이 설한 가르침이며, 또한 부처님이 되기 위한 가르침으로, 불법佛法을 신앙하는 종교이다.

1) 불교의 핵심 구성인 불·법·승

불교의 핵심 구성은 부처님(佛, buddha)과 법(法, dharma), 그리고 승(僧, sangha)이다. 여기서 먼저 부처님에 대한 내용을 살펴보자. '부처(buddha)'란 깨달은 자(覺者), 불타佛陀로, 진리를 깨달은 사람이면 누구나 '부처'라고 일컬어질 수 있다. 불교에서 부처는 우리와 같은 인간이었던 석가족의 성자인 석가모니(釋迦牟尼, Sakyamuni)이고, 불교의 교주敎主이다. 여기에 대해 조금 더 부연하면, 결국 '부처'란 눈을 뜬 사람, 완전한 인격자, 절대적 진리를 깨달아 스스로 이치를 아는 사람이라는 뜻이다. 여기서는 불교의 개조開祖인 역사적 인물 '석가세존釋迦世尊'을 가리킨다.

법(法, dharma)에 대한 의미를 살펴보면, 법法은 어근 dhṛ(떠받치다, 유지하다)에서 유래한 말이다. 여기에는 4가지 의미가 담겨 있다. 첫째, 인간 사회를 떠받쳐 유지시켜 주는 것으로 (사회의) 질서, 의무(Caste)를 뜻하고, 둘째는 우주 만물을 떠받쳐 유지시켜 주는 것으로 (우주의) 질서, 법칙인 연기緣起의 의미가 있다. 셋째는 만물의 법칙에 의해 지탱되어 유지되는 것으로 사건들, 사물들이 여기에 포함된다. 넷째는 만물의 법칙에 관해 가르치는 것을 뜻하며, 여기에 가르침, 교리, 경전, 승僧=교도敎徒 등이 있다.

승(僧, sangha)은 승단僧團, 교단敎團, 또는 불교 공동체인데, 범어 상가sangha의 음역으로 축약해서 승僧이라 하고, 화합和合의 뜻으로 화중和衆이라 번역하며, 수행하는 스님을 지칭하는 말이다.

불교에는 세 가지 귀중한 보배가 있다. 이것을 삼보三寶라고 하는데, 여기서 '보寶'는 귀중하다는 뜻이다. 그 구체적인 것은 불보佛寶·법보法寶·승보僧寶이다. 첫 번째의 불보는 다르게 말하면 각자覺者를 뜻한다. 여기서 각자란 깨달았다는 뜻의 '각자覺者', 지자知者, 각覺이라고도 번역하며, '진리를 깨달은 이'라는 뜻이다.

두 번째의 법보는 경전(法)을 뜻하며, 부처님이 말씀한 교법敎法이 모범이 된다는 의미이다.

세 번째의 승보는 곧 부처님 가르침(敎法)대로 수행하는 스님이며, 화합이란 뜻이 담겨 있다.

2) 신앙

불교에서의 신앙信仰이란 부처님·보살이나 여러 성자聖者의 가르친 말씀을 그대로 믿고 앙모하는 것을 말한다. 곧 앙신仰信와 같다. 즉 믿고 받드는 것을 의미한다. 종교적 이상(구원救援)에 자기를 완전히 바치는 실천적 태도를 말한다. 유일신(唯一神: 기독교 등의 신을 믿는 종교)의 신앙은 속죄贖罪와 대속代贖이며, 이것은 구약성경에서는 "이율칭의以律稱義"을 강조하고, 신약성경은 "이신칭의以信稱義"을 강조하는 온전한 타력신앙이다. 그러나 여기에는 유일신에 대한 이성과 신앙의 갈등이 존재한다. 반면 불교의 신앙에는 미혹한 것을 돌이켜 깨달음을 얻는 것, 곧 번뇌를 끊고 불교의 이상理想인 열반을 증득함을 포함한다.

무신론인 불교의 구원을 나타내는 해탈解脫, 열반涅槃은 미혹한 것을 돌이켜 깨달음을 얻는 것. 곧 번뇌를 끊고 불교의 이상인 열반을 증득하고(轉迷開悟), 지혜로써 밝음을 얻는(以慧得明) 데에 있다. 해탈은 범어로는 vimoka; vimukti; mukti라 하고, 팔리어로는 vimokkha; vimutta; vimutti라 하며 비목저毘木底·목저木底라 음역한다. 여기에 담긴 의미는 3가지가 있다. 첫째는 번뇌의 속박을 벗어나 자유로운 경계에 이르는 것을 말한다. 둘째는 열반의 다른 이름이다. 열반은 불교가 추구하는 궁극적인 이상의 경지이며, 여러 가지 속박에서 벗어난 상태이므로 해탈이라 한다. 셋째는 선정禪定의 다른 이름이다. 속박을 벗고 자유자재로와지는 것이 선정의 덕德이므로 해탈이라 한다.

열반의 정의를 하자면 범어 nirvāṇa와 팔리어 nibbāna의 음역로 불교의 최고 이상을 뜻한다. 니원泥洹·열반나涅槃那라 음역되며, 멸滅·적멸寂滅·멸도滅度·원적圓寂·무위無爲·무작無作·무생無生이라 번역된다. 열반의 뜻은 모든 번뇌의 속박에서 해탈하고, 진리를 궁구하여 미혹(迷)한 생사를 초월해서 불생불멸不生不滅의 법을 체득한 경지를 말한다. 부파불교에서는 몸과 마음이 모두 다 없어지는 것을 이상으로 하므로, 심신心身이 있고 없음에 따라 유여의有餘依·무여의無餘依의 2종 열반을 세우고 있고, 대승불교에서는 적극적으로 3덕德과 4덕을 갖춘 열반을 말하며, 실상實相·진여眞如와 같은 뜻으로도, 본체本體 혹은 실재實在의 의미로도 쓴다.

불교의 신앙은 철저하게 믿음(信)과 이해(解)와 행동(行)과 증득(證)에 있다. 이성과 신앙의 조화의 핵심은 바로 자력自力신앙이다. 여기에 대해 조금 더 설명해 보자. 믿음(信)이란 교리敎理를 배워서 알고 난 뒤에 믿음(解信)으로 발심發心함이다. 이해(解)란 증해增解는 곧 지혜智慧로써 위로는 깨달음을 구하는 것(上求菩提)이다. 행동(行)은 행족行足의 자비로써 해탈하여 아래로는 중생을 교화하는 것(下化衆生)에 있다. 증득(證)은 깨달음을 증득證得함을 의미한다. 따라서 지혜에서 생긴 앎(확신, 解信)과 우러러 자비에 대한 신념의 믿음(仰信)이

불교의 신앙이다.

3) 종교

종교宗敎는 서양의 'religion'을 번역한 것으로, 요약하면 신神이나 절대적인 힘을 통하여 인간의 고민을 해결하고 삶의 근본 목적을 찾는 문화 체계라고 할 수 있다. 그리고 모든 종교의 구성은 교주敎主, 교리敎理, 교도敎徒의 세 가지 요소로 이루어진다.

그럼 불교에서 본 종교의 의미에 대해 살펴보자. 첫째는 기본적으로 종宗은 궁극적인 진리(siddhanta)를 뜻하는 말이므로, 종교는 '궁극적인 진리에 대한 가르침'이라는 의미이다. 둘째는 실질적으로 종宗은 중국에서 불교의 종파들을 지칭하는 분류적인 용어로 쓰였다. 따라서 여기서의 종교의 의미는 '어떤 불교 종파(宗)의 교시(敎)'라는 의미이다. 셋째로는 역사적으로 중국의 남북조 말기부터 수隋·당唐에 이르는 시대에 불교교리의 요지를 종宗이라는 말로 부르고, 그러한 종宗을 표현하는 언어나 문자를 교敎라고 한다.

2. 불교의 종교적 특징

불교의 종교적 특징은 크게 3가지로 요약할 수 있다. 첫째는 합일성合一性이다. 이것은 여래如來의 출현 여부와 관계없이 존재하는 우주의 근본진리(dharma)를 깨달아 그것과 하나가 된다(buddha)는 것이다. 둘째는 동등성同等性이다. 이것은 깨달아 붓다가 될 수 있는 가능성은 누구에게나 열려 있다는 것이다. 셋째는 자력성自力性이다. 즉 깨달음은 삼학(三學: 戒·定·慧)의 철저한 수행을 통한 스스로의 노력에 의해 얻어진다. 따라서 합일성과 동등성 그리고 자력성에 의해서, 즉 스스로의 노력에 따라서 누구든지 붓다가 될 수 있다는 것이 특징이다.

불교는 부처님의 가르침인 동시에 부처가 되는 길을 제시하는 종교이다. 여기서 부처란 '깨달음을 얻은 자'·'깨달은 자'를 의미한다. 이 점에서 불교는 다른 종교와는 현저하게 다른 인본주의적인 종교적 특징이 있다. 왜냐하면 부처는 신 또는 초인적 존재가 아니라, 지상에서 우리와 같은 인간으로 태어나 지상에서 그 육신을 소진한 사람이기 때문이다. 인간으로 태어나 깨달음을 얻으면 부처가 된다. 이렇게 부처가 된 인간이 다른 사람들에게도 부처가 되는 길을 가르친 종교가 바로 불교이다. 따라서 불교는 인간을 설명하고, 고통에서 벗어날 수 있는 인간의 행동을 가르치는 종교이다. 불교는 첫째, 진리에 대한 깨달음을 추구한다. 둘째, 삶을 직시하여 그 해답을 제시한다. 셋째, 세상에서 근본이 되는 주인공은 바로 나 자신임을 강조한다. 넷째, 믿음과 수행을 겸비한 종교이다. 다섯째, 지혜의 길이다. 여섯째, 참 나(진리의 나)를 찾는 것을 목표로 한다. 따라서 이러한 불교의 종교적 특징은 절대자로부터의 구원만을 중시하고 유일신唯一神을 강조하는 다른 종교와는 차별되는 점이라고 할 수 있다. 물론 불교도 부처님에 대한 전적인 믿음을 통한 구제의 길도 열어 놓지만, 결국에는 내면의 힘을 키워 궁극적으로는 깨달음의 길로 향한다. 나를 철저히 버리고 그것이 부처님 마음으로 변하는 내면의 변화는 믿음과 수행을 통해 이루어지며, 이것을 강조한 것이 불교이다.

불교는 인간의 삶이 지닌 궁극적인 물음으로부터 출발한 생활을 다룬 종교이다. 다른 종교에 비해 해답을 제시하는 방법과 그 해답을 신앙하는 방법에 있어 불교는 다음과 같은 몇 가지 특징을 지닌다.

첫째는 이성적 합리주의에 바탕을 두고 있다는 점이다. 이성적 종교의 특징으로는 논리적 특징과 비판적 특징, 과학적 특징이 있다. 특히 불교에는 불교논리학이 따로 성립해 있을 정도로 논리적이다.

불교는 진리와 거짓을 판별하는 작업에 기초하고 있다. 예를 들어 유신론有神論의 경우 무릇 모든 것이 유일신의 뜻에 의해 이루어진다면, 인간이 죄를 지을 때 그 죄의 책임은 누구에게 물어야 할까? 그것은 당연히 신의 책임으로 돌려야 한다. 왜냐하면 그 죄도 신의 뜻에 의해 지어졌다고 해야 하기 때문이다. 그러면서도 인간에게 죄가 있다는 것은 분명히 모순이라고 비판한다. 우리가 불교를 과학적이라고 규정하는 것은 과학적 방법론에 내재된 근본특성들이 불교의 교리들과 일치하기 때문이다. 따라서 불교의 가르침은 한마디로 원인과 결과(因果)의 가르침이라고 할 수 있다. 즉 원인에는 반드시 그에 상응하는 예측 가능한 결과가 수반된다는 가르침이다. 아울러 같은 원인이 제공되면 같은 결과가 나타나고야 만다는 일률적 재현성에 대한 가르침인 것이다. 이처럼 검증 가능성과 일률적 재현성을 강하게 요청하고 있다는 점에서 불교는 과학적 종교라고 할 수 있다.

둘째는 진리에 대한 깨달음을 본질로 한다. 즉 깨달음과 성불을 전제로 한 자력의 종교라는 것이다. 불교는 진리에 대한 깨달음을 종교적 본질로 삼는다. 불교에서 말하는 진정한 믿음이란 것은 확실한 앎에서 비롯된다고 말한다. 여기서 확실한 앎이란 인간의 인식능력으로 똑똑히 보는 것을 말하는데 그것이 바로 깨달음이다. 여기서 진리란 오묘한 인간과 무한한 우주의 생성과 전개와 소멸의 원리에 대한 해답이다. 깨달음이란 무지無智의 어둠에서 깨어나 밝고 똑똑하게 보는 것을 의미한다. 따라서 불교는 누구나 부처(佛)가 될 수 있다고 주장한다. 이것은 누구나 궁극적인 진리를 깨달을 수 있다는 가능성을 제시하고 있는 것이다. 누구나 삶과 죽음의 비밀을 풀어 똑똑히 그 참모습을 볼 수 있으며, 광활한 우주의 생성과 전개와 소멸의 원리를 자신의 눈으로 꿰뚫어볼 수 있다고 과감하게 천명한다. 이처럼 불교는 모든 중생이 부처가 될 수 있고, 나아가 부처가 되어야만 한다고 가르치는 종교이기 때문에 우리는 불교를 성불成佛의 종교라고 부르고 있는 것이다.

종교는 대개 결정론적인 성격이 강하다. 인간과 우주의 생성과 전개와 소멸을 신의 뜻에 의해 결정되었다고 보든, 운명에 의해 결정되었다고 보든, 물질의 법칙에 의해 결정되었다고 보든 이미 모든 것은 결정되어 있다는 입장이다. 전지전능한 신의 능력 앞에서 인간의 지적 능력은 보잘 것 없으니, 그것이 궁극적인 물음에 관계할 때는 마치 없는 것과 마찬가지라는 것이다.

그러나 불교는 그 보잘 것 없는 인간의 지적 능력과 자율적인 노력을 바탕으로 우주와 인간의 문제를 스스로 충분히 해결할 수 있다고 주장한다. 불교의 모든 수행은 인간의 지적 능력을 무한히 증대시키는 힘이 있다고 본다. 그 힘이란 무지의 어둠을 깨뜨리고 진리에 대한 밝은 자각自覺으로 깨어나게 하는 힘이다. 진리에 대한 깨달음은 불교수행을 통하여 성취되고 불교수행은 바로 자신의 지적 능력과 자발적인 의지를 바탕으로 영위된다. 설령 불교수행이 아무리 힘들다고 하더라도 아예 불가능한 것과는 큰 차이가 있다. 힘들지만 자신의 노력으로 결국 깨달을 수 있다는 가능성은 진리를 찾아 나선 종교인에게는 희망의 약속이며, 모든 것을 결정된 것으로 볼 뿐 인간의 능력을 무시하고 있는 일반적 종교계의 풍토에서 볼 때 혁신적인 사건이 아닐 수 없다. 고통과 죄악으로부터의 진정한 구제는 타자의 힘이 아닌 자신의 노력에 말미암는다고 주장하는 것이기에 불교는 '자력의 종교'라고 불리고 있는 것이다.

셋째는 불교는 인간 중심의 종교라는 입장을 견지한다는 점이다. 앞에서도 언급했지만, 불교의 가장 두드러진 특징은 바로 인간 중심의 종교이다. 신이 없는 종교이기 때문에 인본주의를 표방하는 종교라는 특징이 있다는 것이다.

불교에는 유신론적有神論的 종교에서 말하는 초월적이고 절대적인 창조신이란 결코 존재하지 않는다. 부처님은 완성된 인간일 뿐이고, 천신들은 다소 특별한 중생일 뿐이지 결코 세상을 만드는 창조신이 아니다. 그러기에 불교에는 신이 없는 종교라고 불리는 것이다.

불교는 무엇보다도 인간에 대한 탐구에 열중하여 인간의 문제를 해결하려 하는 인간 위주의 종교이다. 인간 자신의 문제를 해결하기 위해서 인간 이외의 어떤 존재의 힘도 빌리지 않고 오직 인간 그 자체만을 전제하는 지극히 인간적인 종교인 것이다. 불교는 우선 우리 인간에게 자유의지가 있음을 전적으로 인정한다.

불교는 인간의 행복이나 불행도 신이나 운명에 의해서 결정되었다거나 또는 우발적으로 발생한 것이 아니라, 인간 스스로의 의지적 행동에 의해서 초래된 것이라고 주장한다. 아울러 눈앞의 현실을 극복하고

타개해 나가는 것도 신이나 운명 또는 우연에 힘입은 것이 아니라, 단지 인간 스스로의 의지적 활동임을 천명하고 있다. 따라서 불교는 인간 본위의 종교적 특징을 지니게 되는 것이다. 인간 내면의 무지를 타파할 수 있는 것은 스스로의 힘에 의지하는 수밖에 없다. 그래서 부처님은 유훈으로 우리에게 자기 자신을 등불로 삼고 자신을 의지처로 삼아서 진리를 등불로 삼아 깨달음을 이루라고 간곡하게 말씀하시고 있는 것이다.

위에서 언급한 불교의 종교적 특징을 다시 요약해 보면, 첫째는 불교는 이성적 합리주의에 바탕을 두고 있어 다른 종교에 비해 논리적이고 비판적이고 과학적인 특징을 지닌다는 것이다. 둘째는 불교는 진리에 대한 깨달음을 본질로 하고 있기 때문에 깨달음과 성불의 종교, 그리고 자력적인 종교라는 것이다. 셋째는 인간 중심의 종교라는 입장을 견지하고 있으므로 신이 없는 종교이며, 인본주의 종교라는 것이다. 이상에서 설명한 내용을 도표로 정리해 보면 다음과 같다.

〈표 1〉 불교와 유신론적 종교의 특징

구분	불교	타종교 (예: 기독교, 이슬람교 등)
신의 유무	무신론	유신론
종교의 창시자	붓다 → 깨달은 사람, 인간	하느님(기독교), 알라신(이슬람교) → 절대자, 신
종교의 중심	인간 중심 → 횡적 관계 : 동물-인간-부처는 평등하므로 살생은 죄다.	신 중심 → 종적 관계 : 동물 → 인간 → 신이므로 살생은 죄가 아님
인간이란 존재	스스로 깨달을 수 있는 능	미물이므로 지적 능력을 낮게 봄

	력이 있음	
인간 괴로움의 원인	내부(인간의 무지)	외부
괴로움의 해결	내부(인간 스스로의 의지) → 깨달음, 자각 등의 이성을 중시 → 비의존적임	외부(신) → 신을 믿고 구원을 요청 → 의존적임
종교란?	부처님의 가르침 (불보, 법보)	하느님(기독교), 알라신(이슬람교)의 가르침
	(O) 부처님이 될 수 있다. 부처님이 되기 위한 가르침(승보)	(X) 인간은 신이 될 수 없다.

◆ 문제 풀어보기

1. 다음은 불교의 인간관人間觀에 대한 설명이다. 가장 올바른 것은?

① 인간의 삶은 인간 외적인 것에 의하여 결정된다.

② 인간의 삶은 숙명적인 원리에 의해 좌우된다.

③ 인간을 제약하는 것은 인간 자신이다.

④ 인간의 삶은 우발적인 우연에 의해 좌우된다.

2. 다음 중 불교의 종교적 특성이라고 할 수 없는 것은?

① 깨달음의 종교이다.

② 불성佛性 발견을 중시하는 종교이다.

③ 유일신唯一神의 구원을 중시하는 종교이다.

④ 평등사상을 바탕으로 한 자비의 실천을 중시하고 무신론적無神論的 종교이다.

3. 불교에 대한 설명이다. 거리가 먼 것은?

① 지금 불교에서 지칭하는 부처님은 우리와 같은 인간이었던 석가모니 부처님을 가리킨다.

② 인도에서는 붓다Buddha라 불렸고, 중국에서는 불타佛陀라고 불렸으며, 한국에 와서 '부처님'으로 변한 것이다.

③ 지식과 지혜는 불교에서 말하는 의미와 동일하다고 본다.

④ 연기법을 깨달아 부처가 탄생되었기 때문에 부처님의 45년 설법의 핵심은 법(法, dharma)이다.

4. 다음은 부처님의 생애에 관한 설명이다. 가장 거리가 먼 것은?

① 부처님은 B.C.E 624년 인도 동북부 까삘라국에서 숫도다나왕과 마하빠자빠띠 사이에서 탄생하셨다.

② 정반왕이 삼시전三時殿을 준비해 주고 자유롭게 5가지 즐거움을 즐기게 했으나, 결국 사문유관이 계기가 되어 출가를 하셨다.

③ 히말라야에서 6년 고행 후, B.C.E 589년 35세 때 붓다가야의 보리수 아래서 성불하셨다.

④ B.C.E 544년 세수 80세의 나이로 꾸시나라에서 반열반에 드셨다.

5. 불교에서는 불교 특유의 인간 관점을 크게 3가지 측면에서 인간을 이해하고 있다. 여기에 해당하지 않는 것은?

① 인간은 의지적 존재이기 때문에, 인간의 행복과 불행은 신이나 운명에 의해서 우발적으로 발생하는 것이 아니라 인간 자신의 의지적 행동에 의해서 초래한다고 이해한다.

② 인간 스스로의 굴레는 오직 신神만이 해결해 줄 수 있다고 이해한다.

③ 나약한 인간을 배려한 정토신앙을 구제의 방편으로 제시하고 있다.

④ 인간은 자기 자신을 스스로 구제할 수 있는 무한한 능력을 가지고 있는 존재이다.

6. 다음 설명 중 틀린 것은?

① 불교는 신이 있는 종교이다.

② 부처님은 우리보다도 먼저 깨달음을 얻은 완성된 인간이지 절대자가 아니다.

③ 불교는 인과관계가 분명한 논리적이며 과학적이고 비판적인 종교이다.

④ 불교는 인간 중심의 자력自力을 중시하는 종교로서 괴로움의 원인은 인간에게 있고 그 해결책 역시 인간에게 있다는 종교이다.

7. 다음은 종교의 3요소이다. 여기에 해당하지 않는 것은?

① 교주 ② 교법 ③ 교훈 ④ 교도

8. 다음 설명 중 틀린 것은?

① 불교는 불법佛法을 믿고 받드는 종교이다.

② 부처님은 깨달음을 얻은 석가모니를 말한다.

③ 법은 우주 만물을 떠받쳐 유지시켜 주는 것으로 우주의 질서와 법칙인 연기법을 말한다.

④ 기독교의 신앙은 자력신앙으로 이성과 신앙의 갈등이 있다.

9. 다음은 삼보三寶에 대한 설명이다. ( ) 속에 들어갈 말은?

> 삼보三寶라는 것은 세 가지 귀중한 보배라는 뜻이다.
> (①)는 부처님이 깨달았다는 뜻이고, 법보法寶는 부처님이 말씀하신 (②)으로 모범이 된다는 뜻이다. (③)는 교법敎法대로 수행하는 스님을 뜻하며, (④)이라는 뜻이 숨어 있다.

① ② ③ ④

10. 다음은 깨달음에 대한 설명이다. ( ) 속에 들어갈 말을 쓰시오.

> 확실한 앎이란 (①)으로 똑똑히 바르게 보는 것을 말하는데 그것이 바로 깨달음이다. 여기서 진리란 오묘한 인간과 무한한 (②)과 (③)와 (④)의 원리에 대한 해답이다.

① ② ③ ④

11. 다음은 불교에서 본 종교의 의미에 대한 설명이다. 가장 거리가 먼 것은?

① 종교는 어떤 불교 종파(宗)의 교시(敎)라는 의미이다.
② 종교는 궁극적인 진리에 대한 가르침을 의미한다.
③ 종교는 절대자의 경지로서 인간이 범접할 수 없다는 의미이다.
④ 역사적으로 종교가 등장하기 시작한 시기는 중국의 남북조 말기부터 이다.

12. 다음 설명 중 틀린 것은?

① 불교의 신앙은 믿음(信)에서부터 출발한다.
② 불교에서의 신神은 불법佛法을 수호하는 호법신장이다.
③ 불교는 신앙과 수행의 종교이다.
④ 부처님의 가르침은 오로지 나 자신만 깨달으면 된다는 뜻이다.

13. 다음은 불교에 대한 설명이다. 거리가 먼 것은?

① 동물-인간-부처는 모두 평등하므로 살생은 죄다.

② 인간이란 존재는 스스로 깨달을 수 있는 능력이 있다.

③ 신을 믿고 구원을 요청해만 괴로움을 해결할 수 있다.

④ 바르게 수행하면 누구나 부처님이 될 수 있다.

14. 다음 설명 중 맞지 않는 것은?

① 불교란 부처님의 가르침을 믿고 수행하는 종교이다.

② 법이란 인간 사회를 떠받쳐 유지시켜 주는 것이다.

③ 붓다buddha란 '깨달은 사람'을 말한다.

④ 불교의 진리(法)는 유일신의 경지를 뛰어넘지는 못한다.

15. 다음은 불교에 대한 설명이다. ( ) 속에 들어갈 말을 쓰시오.

> 불교는 (①)에 대한 깨달음을 통해 (②)를 습득하고, (③)을 완성하여 자유롭고 행복한 인간이 되는 데 그 가치가 있다.

① ② ③

〈생각해 봅시다〉

1. 불교의 종교적 특징은 무엇일까?

2. 무신론적 종교와 유신론적 종교의 핵심을 비교해 보자.

• 제2강 •

석가모니 부처님의 생애

이 장에서는 석가모니 부처님의 생애를 팔상성도八相成道에 대비하여 살펴본다.

1. 팔상성도에 대한 이해

석가모니 부처님은 사상적 혼란을 겪던 인도사회에 출현하여 진정한 구도의 의미와 최고의 깨달음을 열어 보이신 분이다. 그는 우주와 생명의 보편타당한 질서를 밝혔고, 평화로운 공존의 길을 실현하였다. 그 삶의 발자취를 요약한 것을 흔히 팔상八相이라고 한다. 이는 부처님 생애의 중요한 사건을 8가지로 나누어 설명하는 방법인데, 보통 우리나라의 경우 불화佛畵의 중요한 소재가 되기도 하였다. 즉 다시 말해 팔상성도八相成道란 부처님의 일생을 8가지로 구분해서 쉽게 알아볼 수 있도록 정리한 것이다.

①도솔래의상兜率來儀相: 석가모니 부처님의 먼 전생 이야기 - 연등불의 예언

연등불(Dīpaṁkara)[1] 이야기는 팔리 경전 가운데 소부小部에 속한 『붓다왕사(붓다의 연대기)』와 『차리야피타카』에 간단하게 등장하며, 부처님의 전생 이야기 모음집인 『자타카』 주석서의 앞부분 「먼 인연 이야기」에 자세하게 서술되어 있다. 그 대략의 이야기를 정리하면 다음과 같다.

석가모니 부처님은 오래 전(4아승지[2] 10만 겁 전) 연등불이 세상에 출현하여 교화할 때 수메다Sumedha라는 바라문이었다. 부모로부터 많은 유산을 물려받았지만, 재산으로 생로병사의 괴로움을 벗어날 수 없다는 것을 분명히 자각自覺한 수메다는 모든 재산을 궁인窮人이나 지나가는 행인行人들에게 나누어준 후에 세간적인 욕심을 버리고 출가한다. 출가한 후 히말라야 산 기슭에서 정진한 지 7일 만에 마음집중의 8단계(색계 4선과 무색계 4선의 八定)와 5가지 신통력(abhiññā)을 얻게 되었다. 여기서 수메다 행자가 연등불을 만나기 전에 8단계의 마음집중과 5가지 신통력을 갖추고 있었다는 점은 주목할 부분이다.

선정禪定의 즐거움을 마음껏 맛보면서 지내고 있던 어느 날, 연등불이 세상에 출현하여 마을로 온다는 소식을 알게 된다. 부처가 세상에

1 불교에서 과거불로, 석가모니의 전생에 수기를 준 부처님이다. 산스크리트로는 Dipakara라 하는데, 이를 의역하여 정광定光여래·등광燈光여래·보광寶光여래·정광錠光여래·연등여래라고 하며, 음역하여 제화갈라·제원갈이라고도 한다.

2 아승지는 아승기asamkhya라고도 한다. 아승기는 무수無數라고 옮기며 헤아릴 수 없다는 의미로, 무수겁無數劫의 뜻이다.

출현한 일은 귀한 인연임을 알고 마을 사람들에게 자신이 도울 일을 묻자, 신통력이 있는 수메다 행자에게 물이 고여 있는 길을 맡겼다. 그는 신통력으로 길을 고칠 수 있었으나, 부처님을 존경하는 마음으로 손수 그 일을 하고 있었다. 하지만 길을 다 단장하기도 전에 부처님이 40만 명의 제자와 함께 나타났고, 부처님과 그 제자들이 진흙을 밟지 않게 하기 위하여 수메다 행자는 머리카락을 풀고 몸을 던져서 부처님이 지나가도록 했다. 그때 수메다 행자는 연등불의 제자가 되어 아라한으로서 번뇌를 끊어버릴 수 있다는 사실을 알면서도 자신 역시 연등불과 같이 최상의 깨달음을 얻은 부처가 되리라는 원願을 세우고 있었다. 연등불은 수메다 행자의 머리 쪽에 서서 그의 원을 살피시더니, "그대는 4아승기 10만 겁 후에 '석가모니'라는 명호의 부처가 되리라." 하고 예언을 하신다. 이 예언이 있고 난 후 수메다 행자는 최상의 깨달음을 이루려고 결심한 존재인 보살菩薩로 불리게 되었다. 당시 수메다 수행자는 마음만 먹으면 아라한이 되는 길을 선택할 수도 있었으나, 연등부처님과 같은 진리(깨달음)를 성취해서 많은 중생들을 교화하리라는 광대한 서원을 가지고 있었기 때문에 부처가 되는 길을 선택하였다. 수메다 수행자는 이러한 자신의 노력으로 보살이 지녀야 할 덕목을 스스로 체득한다.

여기에서 주목할 점은 석가모니 부처님 전생의 존재인 수메다 행자는 연등불께 직접 가르침을 받지 않은 채 부처가 되리라는 예언을 받았고, 부처가 되고자 하는 자신의 원력願力 및 수행인 10가지 덕목의 완성(10바라밀). 즉 베풂(보시布施), 규범(지계持戒), 욕망을 멀리함(출리出離), 지혜智慧, 노력(정진精進), 참음(인욕忍辱), 진실眞實, 굳은 결심(결의決意), 자애慈愛, 평온平穩을 닦았다는 것이다. 이후 수메다 보살은 카사파 부처님에 이르기까지 24분의 부처가 세상에 출현할 때마다 그 부처님들에게서 같은 예언을 받는다. 다시 정리하면, 석가모니 부처님의 경우에 보살이 되기 전에 닦은 수행은 선정禪定이라는 것이다. 이 선정에 의해서 5가지 신통을 얻었으며, 보살이 되고 난 후에는 부처가 되기 위한 수행으로 10바라밀을 닦았다는 점이 『본생담』 등의 팔리어 문헌이 전해 주고 있는 석가모니 부처님의 전생 수행담이다.

이렇게 오랜 세월 동안 닦아온 10바라밀 수행은 지금으로부터 2,600여 년 전 마지막 삶에서 완성되어 무상정등각無上正等覺의 깨달음을 이룬 부처님이 된 것이다. 이처럼 불교의 교조인 석가모니 부처님은 오랜 세월의 보살행을 통한 발심과 서원으로 세상에 출현하게 되었음을 설명한다. 그것은 석가모니 부처님이 보통 인간과 같이 평범한 인간으로 태어난 것이 아니라, 금생今生에 태어나시기 전에 '도솔천'에서 호명보살로 오랫동안 수행을 하시다가 이 사바세계의 모든 중생들을 구제하기 위하여 태어나셨음을 보여주고 있다. 이것이 바로 도솔래의상이다.

〈그림 1〉 도솔래의상

②비람강생상毘藍降生相: 마야왕비의 태몽 이야기는 흰 코끼리가 오른쪽 옆구리로 들어오는 꿈이다. 이 태몽에 담긴 의미는, 고대 인도에서 브라만은 정수리(입)로, 크샤트리아는 옆구리로, 바이샤는 다리(產道)로, 수드라는 발(발바닥)로 태어난다고 믿었던 것을 반영한 것이다.

비람강생상이란, B.C.E 624년인 약 2,600년 전 인도의 동북부 지역에 위치한 카필라Kapila국 샤카Sakya족의 정반왕(숫도다나왕)과 마야부인 사이에서 석가모니 부처님이 룸비니 꽃동산에서 육신으로 태어나시는 모습이다. 탄생하실 때 "하늘 위나 하늘 아래(天上天下) 오직 나 홀로 존귀하다(唯我獨尊). 모든 세상이 다 고통 속에 잠겨 있으니(三界皆苦) 내 마땅히 이를 편안케 하리라(我當安之). 이 생生이 윤회의 마지막이다."라고 말씀하셨다고 경전은 전하고 있다. 여기서 유아독존唯我獨尊의 '유아唯我'는 인간 중심의 세계관을 선포한 것으로서 인간의 존엄성을 내포하고 있는 말이다. 여기서 이 설화를 강조하기 위하여 오른손가락은 하늘로, 왼손가락은 땅을 가리키는 모습으로 묘사되고 있다. 이 어린아이 부처님(幼兒佛)의 모습은 지금도 초파일 행사에서 필수적으로 쓰인다. 경전에 의하면, "이때에는 하늘도 즐거워하고 땅도 즐거워하고, 모든 나는 새와 기어다니는 짐승들까지도 이 싯달타 태자의 탄생을 기뻐하고 경축했다."라고 한다. 이것이 비람강생상이다.

〈그림 2〉 비람강생상

③ 사문유관상四門遊觀相: 성장한 고타마 싯달타 태자가 동서남북의 사대문을 유행하면서 늙은 사람, 죽은 사람, 병든 사람, 출가 사문의 모습을 대하고 출가를 결심한다는 뜻이다. 이 4가지 모습은 삶의 실상과 그로부터의 탈출을 선언하는 은유이다. 이 사대문의 유람을 통하여 비로소 궁전의 영화로움과 권세, 오욕락五欲樂의 극치, 그리고 어떤 학문과 종교에서도 생로병사生老病死로부터 벗어나는 길을 찾지 못했던 태자는 그 길을 찾아 사유하기 시작하였는데, 이것이 고타마 싯달타 태자의 직접적인 출가 동기가 되었다. 좀 더 부연하면, 태자는 동문東門 밖으로 산책 나갔다가 백발에 허리가 굽은 노인을 보고는 인간은 누구나 늙는다는 사실을 실감하였고, 남문南門 밖에서는 고통에 신음하는 병자를 보고 병病에 시달리는 인생의 괴로움을 절실히 알았으며, 서문西門 밖에서 장사지내러 가는 상여행렬을 보고는 세상에 태어난 자는 누구나 반드시 죽는다(死)는 사실이 알았다. 그리고 북문에서 출가 수행자를 만나고 출가를 결심한다. 『수행본기경』「유관품」에는 동쪽 문의 유람에서 목격한 늙음을 다음과 같이 설하고 있다.

> 늙음이란 나이가 많아서 감관이 완숙하고 모양이 변하고 빛깔이 쇠하며, 기운이 미미하고 힘이 다하며, 음식은 소화가 안 되고 뼈마디는 끊어지려 하며, 앉고 일어남에는 사람이 필요하며, 눈은 멀고 귀머거리가 되며, 문득 돌아서면 곧 말을 잊어버리고 갑자기 슬퍼지며, 목숨이 얼마 남지 않았기 때문에 늙음이라 한다.
> '사람이 세상에 사는 데에 이런 늙음이란 근심이 있었구나. 어리석은 사람이야 탐내고 사랑하겠지마는 어찌 즐거워할 수가 있겠느

냐? 만물이 봄에 나서 가을과 겨울이면 시들고 마르며, 늙음이 번개처럼 닥쳐오거늘 몸에 만족하고 의지하겠느냐?'

『수행본기경』「유관품」에서 태자는 수레를 타고 성의 남쪽 문으로 나가서 목격하게 된 병이 든 사람을 이렇게 묘사하고 있다.

사람에게는 네 가지 요소(四大)인 흙(地)·물(水)·불(火)·바람(風)이 있어서 하나의 요소에 101가지 병이 있으며, 차츰 서로가 모여서 404가지 병이 한꺼번에 이루어지는데, 이 사람은 반드시 극도로 춥고 극도로 덥고, 극도로 굶주리고 극도로 배부르고, 극도로 마시고 극도로 목마르는 등 때와 자리를 잃었고, 눕고 일어나는 데 법도가 없기 때문에 이런 병이 걸리게 된 것이다. '나는(싯달타) 부귀한 곳에서 살고 세상에서 가장 값진 음식으로 입을 상쾌하게 하고, 마음을 놓아 제멋대로 하며 다섯 가지 욕심에 빠져서 스스로 깨달을 수가 없으므로 역시 이런 병이 있을 터인데, 저 사람과 무엇이 다르겠느냐?

서쪽 성문에서 목격하게 된 죽은 사람을 『수행본기경』「유관품」에서는 다음과 같이 설하고 있다.

죽음이란 다함이요, 정신이 떠나가는 것이옵니다. 네 가지 요소가 흩어지려 하면서 혼신魂神이 편안하지 못하며, 바람 기운이 떠나가서 숨이 끊어지고 불기운이 스러져서 몸이 차가워지며, 바람이 먼저요 불이 다음으로 혼령魂靈이 떠나가나이다. 신체는 뻣뻣해지고 다시는 느끼는 것이 없어지며, 10여 일 동안이면 살이 무너지고 피가 흐르며 띵띵 부풀고 문드러져 냄새나며, 취할 만한 것은 하나도 없고 몸속에 있던 벌레가 도리어 그 살을 뜯어먹으며, 힘줄과 맥은 문드러져 다하고 뼈마디는 흩어져서 해골은 제 자리를 달리하며, 척추·옆구리·어깨·팔 ·넓적다리·정강이와 발이며 손 발가락은 저마다 제 자리에서 떨어지고 날짐승·길짐승은 다투어 와서 뜯어먹으며, 하늘과 용·귀신·제왕·인민 등 가난하거나 부자거나 천하거나 간에 이 환난만은 멸한 이가 없습니다.

『수행본기경』「유관품」은 북쪽 성문에서 목격하게 된 출가 사문을 이렇게 설하고 있다.

사문이란 도를 닦나이다. 집과 처자를 버리고 애욕을 버리며 6정情을 끊고 계율을 지켜 함이 없으며, 선정(一心)을 얻으면 곧 만 가지 삿됨이 사라집니다. 선정의 도는 아라한이라 하고, 아라한이란 진인眞人입니다. 소리와 빛깔이 더럽힐 수 없고, 영화스런 지위가 굽힐 수가 없으며, 움직이기 어려움이 마치 땅과 같고, 이미 근심과 고통을 면하였으며, 살고 죽음이 자재한 사람입니다.

이것이 바로 『수행본기경』 등의 경전에서 설해지고 있는 사문유관상의 중심내용이다.

〈그림 3〉 사문유관상

④유성출가상踰城出家相: 싯달타는 29세 되던 해 2월 8일에 애마 칸타카를 타고 마부 찬다카와 함께 성을 떠난다. 즉 결혼 직후 아내 야소다라와 아들 라훌라를 뒤로 한 채 수행의 길에 나서는 모습이다. 출가는 단순히 집과 가족을 떠난다는 의미가 아니라 덧없는 세속의 욕망을 포기한다는 의미이다. 또 그와 같은 출가 사문의 길은 대단히 예찬되고 있었다. 싯달타 태자는 29세 되던 해 출가 직전에 다음과 같이 말하였다고 한다.

> 도를 생각하며 깨끗하려면 집에 있어서는 안 되겠다. 언제나 산과 숲에 살면서 힘써 연구하며 선정을 행하리라. …… 애달프구나. 이러한 나고(生) 늙고(老) 병들고(病) 죽는 고통(死) 있으니, 정신은

지은 죄에 도로 들어가 여러 고통들을 겪고 지나는구나. 이제는 마땅히 여러 고통 없애며 나고 늙고 병들고 죽음을 없애며 다시는 사랑함과 만나지 않고 영원히 열반을 얻게 하리라. 이제 나는 세상이 즐겁지 아니하니 차닉아, 머뭇거리지 말라. 나의 본래 서원을 이루게 되면 너의 3세世 고통을 없애 주리라. (『수행본기경』)

나는 하늘에 태어나기를 원하지 않는다. 많은 중생이 삶과 죽음의 고통 속에 있지 아니한가? 나는 이를 구제하기 위하여 집을 나가는 것이니, 위없는 깨달음을 얻기 전에는 결코 돌아오지 않을 것이다.
(『오분율』)

이 모든 세간은 만나면 반드시 헤어지나니, 그러므로 원컨대 이 집을 떠나 진정한 해탈을 구하려 하나이다.
(『불소행찬』 1권 「출성품」)

이런 싯달타 태자가 이렇게 결심하고 성城을 넘어서 출가하는 모습이 그려진 이것이 유성출가상이다.

〈그림 4〉 유성출가상

⑤ **설산수도상雪山修道相**: 깨달음을 향해 정진하는 싯달타 수행자의 고행苦行 장면이다. 즉 히말라야 기슭의 삼림森林에서 고행하시는 모습을 그린 것이다. 그는 29세 때 출가하여 만 6년 동안 고행을 닦았다. 처절한 수도생활을 묘사하기 위하여 고행상으로 석존을 묘사하는 것이 관례이다. 6년 고행 후 육체를 학대하는 것이 진정한 깨달음의 길이 아니라는 사실을 깨닫고는, 고행을 포기하고 수자타의 우유죽 공양을 받고 건강을 회복한다. 이때의 상황을 『과거현재인과경』 제3권에서는 다음과 같이 설하고 있다.

> 나는 이제 하루에 한 톨의 깨와 한 톨의 쌀을 먹으며 내지 7일 동안에 한 톨의 깨와 쌀을 먹기도 하므로 몸은 야위어서 마치 마른 나무와 같다. 고행을 닦아서 6년이 다 되었는데 해탈을 하지 못하였으니 짐짓 잘못된 길인 줄 알겠구나. 옛날 염부나무 아래 있으면서 생각하던 법보다 못하다. 욕심을 떠난 고요한 이 경지가 가장 진실하고 올바른 것이로구나.
> 이제 내가 만약 또 이 마르고 낯빛이나 살색이 핏기가 없는 몸으로써 도를 얻는다면 저 외도들은 저절로 굶주림이 바로 열반의 원인이라고 말할 것이므로, 나는 이제 뼈의 마디마디에 나라연那羅延의 힘을 지니고 있다 하더라도 이로써는 도의 결과를 취득하지 않으리라. 나는 음식을 받아먹은 뒤에 도道를 이루어야 하겠다. …… 나는 일체 중생을 성숙시키기 위하여 이 음식을 받는다.

이때 함께 수행하던 교진여 등 다섯 사람은 실망하여 비난하고 그의 곁을 떠나가 버린다. 우유죽 공양을 받고, 수행자 고타마(보살)는 혼자 필바라畢波羅나무에 나아가 스스로 "저 나무 아래 앉아서 나의 도(공부)가 완성되지 않으면 반드시 끝끝내 일어나지 않으리라."라고 발원하였다. 『과거현재인과경』 제3권에는 고타마 수행자가 반드시 도를 이룰 것이라는 내용을 다음과 같이 설하고 있다.

> 보살은 (향기로운 풀을) 받고 나서 깔아 자리를 삼고 풀 위에서 가부하고 앉되, 과거 부처님이 앉으셨던 법대로 하면서 서원하였다. "바른 깨달음을 이룩하지 않고서는 이 자리를 일어나시지 않으셨으니, 저도 역시 그와 같이 하겠습니다." 이 맹세를 할 때에 하늘·용·귀신들은 모두가 다 기뻐하였고, 맑고 시원한 바람은 사방에서 불어오는데 날짐승 길짐승은 울음이 없고 나무조차 한들거리지 않았으며, 떠다니는 구름과 나는 티끌은 모두 다 맑고 깨끗하였으므로 이는 보살이 반드시 도를 이루게 될 조짐인 줄 알았다. 그때 보살이 나무 아래 있으면서 맹세를 할 때에 하늘이며 용의 8부가 모두 다 기뻐하며 공중에서 뛰놀면서 찬탄을 하였다.

수행자 고타마는 이러한 순수한 선정禪定으로 끝내 대도大道를 얻는다. 이렇게 6년 동안 고행하는 과정을 나타낸 것이 바로 설산수도상이다.

〈그림 5〉 설산수도상

⑥수하항마상樹下降魔相: 보리수 아래 금강보좌[3]에서 굳은 결심으로 선정에 들어 마왕을 항복시키는 장면이다. 여기에 대한 내용이 『과거현재인과경』 제3권에 언급되어 있다.

이때 제6천의 악마왕 궁전이 저절로 동요하는지라, 이에 악마왕은

3 금강보좌金剛寶座란 부처님께서 길상동자가 바친 부드럽고 향기로운 풀을 보리수 나무 아래에 깔고 그 위에 앉아서 굳은 결심과 의지로 성도成道하셨는데, 그 후 깨달으신 그 자리를 이르는 이름으로 금강보좌라고 한다.

마음이 크게 괴로워지고 정신이 조급해지며 말과 맛(聲味)까지 마음대로 못하고서 생각하였다. '사문 구담이 지금 나무 아래 있으면서 다섯 가지 욕심을 버리고 단정히 앉아 생각을 하는데 오래지 않아서 바른 깨달음의 도를 이루게 되겠구나. 그 도가 만약 이루어지면 널리 일체를 제도하여 나의 지경을 뛰어넘으리니, 도가 아직 이루어지기 전에 가서 무너뜨리고 어지럽히리라.' 하였다.

악마의 아들 살타薩陀는 아버지의 파리해진 모습을 보고 다음과 같이 간하고 있다.

보살이야말로 깨끗하여 3계界를 뛰어나셨으며 신통과 지혜가 환히 밝지 않음이 없습니다. 하늘이며 용의 9부들이 모두 함께 찬양을 하는데 이는 부왕으로서는 꺾어서 굴복 받을 수가 없으리니, 악을 지어서 스스로 환난을 초래하지 마십시오.

또 땅을 관장하는 지신이 나타나 악마에게 다음과 같이 간하고 있는 장면이 서술되어 있다.

그때에 대지가 여섯 가지로 진동하더니, 이에 지신地神이 7보의 병을 가지고 속에 연꽃을 가득히 채워서 땅으로부터 솟아나오며 악마에게 말하였다. "보살은 옛날에 머리와 눈과 골수며 뇌를 남들에게 보시하셨는지라 흘린 피가 대지를 적셨으며, 나라와 성이며 아내·아들·코끼리·말·값진 보배 등을 보시하여 헤아릴 수 없었던 것은 위없는 바르고 참된 도를 구하기 위해서였습니다. 그러므로 당신은 이제 보살을 괴롭게 하지 말아야 할 것입니다."

이러한 과정들을 거쳐서 고타마 수행자는 보리수 밑에서 악마 마라 Mara의 유혹을 물리치고 대각大覺을 이룬다. 이때 부처님 깨달음의 내용은 연기緣起의 진리이다. "모든 것은 서로 의지하여 일어나고, 이것이 있어서 저것이 있고, 이것이 멸하기에 저것이 멸하는 것이다." 그리고 이때의 악마 마라는 현실적 의미라기보다는 내면적 갈등을 구상화具象化한 상징적 의미를 지닌다.

불교 최초의 경전인 『숫타니파타』「대품大品」의 「정진경」에 의하면 보살이 제거한 번뇌(악마의 군대)가 설해져 있다. 그 내용은 ①감각적 쾌락, ②불쾌, ③배고픔과 목마름, ④갈망(渴愛), ⑤혼침昏沈과 졸음(睡眠), ⑥공포, ⑦회의적 의심(疑), ⑧자신의 잘못을 감추는 것과 고집, ⑨이익, 칭찬, 존경받음, 잘못 얻은 명성, ⑩자신에 대한 칭찬과 타인에 대한 비방이다.

이 10가지 악마의 군대들은 실제로 보살이 수행하는 과정에서 부딪쳤던 내면의 번뇌라고도 이해할 수 있다. 이러한 번뇌가 모두 사라지고 지혜가 열리면서 고타마 싯달타 보살은 마침내 번뇌를 모두 소멸시킨 아라한이 됨과 동시에 완전한 깨달음을 얻은 부처가 된다. 즉 인간의 가장 근원적인 오욕락五欲樂에서 벗어나 대자유의 해탈열반의 경지를 얻었다는 것을 의미한다. 인간의 오욕락이란 재욕財欲, 성욕性欲, 식욕食欲, 명예욕名譽欲, 수면욕睡眠欲의 5가지로 재물에 대한 욕망, 이성에 대한 애욕, 먹을 것에 대한 탐욕, 명예에 대한 욕망, 편안함의 추구를

〈그림 6〉 수하항마상

말한다.

『수행본기경』에서는 수행자 고타마가 마왕 파순의 항복을 받은 후에 "세상에서는 무기를 써서 사람의 마음을 움직이나니, 나는 중생을 평등하게 여기는 까닭에 무기를 사용하지 않고 평등한 행과 인자한 마음으로 악마를 물리쳤다."라고 설하고 있다. 이러한 여러 가지 마음의 마라와 근심걱정이나 어떤 부정적인 생각, 온갖 잡념을 다 추방하고 본래의 마음으로 돌아가서 완전한 자유, 완전한 행복, 완전한 생명의 가치를 깨달은 뜻을 표현하는 장면이다. 그리고 땅을 가리키는 손 모습(항마인降魔印)은 드디어 보리수 아래에 앉아서 악마를 항복시켜

성도하는 것을 형상화한 인상印相으로, 항마의 증인으로서 대지를 가리키며 지신을 부르고 있는 손 모양을 보여준다. 이것은 바로 보리수 나무 아래서 마왕을 항복시킨 일이라 해서 수하항마상이라 하며, 이것은 최종적인 해탈, 최종적인 성불成佛을 뜻하는 것이다. 참고로 불전에 나타나는 신화적 표현들은 부처님의 위대함을 강조하기 위한 것이다.

⑦녹원전법상鹿苑轉法相: 사르나트(녹야원)에서 5비구에게 최초로 설법하시는 장면이다. 이것이 바로 초전법륜이다. 최초의 비구가 탄생하게 되고, 최초 설법 내용은 중도, 사성제, 팔정도의 가르침 등이다. 법法은 범어 다르마(Dharma, 팔리어 담마Dhamma)로 번역된다. '나'라는 주관과 관계를 맺는 모든 외부 대상과의 관련, 즉 생명질서, 자연순환의 원리 등을 가리키는 말이다. 교조의 절대적 권위를 인정하지 않는 불교에서는 가장 핵심적인 것이 이 다르마(法)이다. 왜냐하면 다르마는 보편타당한 진리이기 때문이다. 석가모니 부처님은 보드가야에서 성불하신 후에 녹야원이라고 하는 곳으로 가셨다. 누구의 초청을 받고 가신 것도 아니고, 또 누가 가라고 해서 가신 것도 절대 아니다. 자신이 깨달은 이 진리, 자신이 성취하신 이 행복을 나 혼자 수용하기에는 너무 아까워서 누구에게 전해 주어야 하겠는데, 문제는 누가 이 법(Dharma)을 물려받을 수 있느냐 하는 것이었다. 그 대상을 찾기는 그리 용이한 일이 아니었던 것 같다. 그렇다면 누구에게 제일 먼저 자신의 이 법을 전해줄 것인가? 이것을 생각하고 생각해 본 끝에 그래도 자신의 최초의 설법을 들을 사람은 한때 자신과 같이

수행했던 그 5비구(수행자)들이 가장 적합하다고 판단했던 것 같다. 이러한 연유로 부처님께서는 5비구들이 있는 녹야원으로 가셔서 다음과 같은 최초의 설법을 하셨다.

> 수행자여, 이 세상 사람들은 두 가지 극단으로 치우치는 길이 있느니라. 그 하나는 육체의 요구대로 자신을 내맡기는 쾌락의 길이고, 또 하나는 육체를 너무 지나치게 괴롭히는 고행의 길이다. 수행자는 이 두 극단을 버리고 중도中道를 배워야 한다. 나는 바로 중도를 깨달았으며, 그 길에 의하여 생로병사의 온갖 괴로움을 버리고 평화로운 해탈의 기쁨을 얻었느니라. …… 감로의 문을 열었다. 귀 있는 자는 들어라, 낡은 믿음을 버려라.

부처님의 첫 설법을 들은 다섯 수행자들은 부처님의 진리를 깨달아서 아라한(해탈을 이룬 사람)이 되었다. 이들의 전법傳法을 시작으로 많은 제자들이 부처님의 가르침을 통해서 깨달음의 행복을 얻게 되었다. 여기서 중도와 사성제, 팔정도 등 연기의 이치를 설법하셨는데, 이것은 최초의 설법으로 흔히 '초전법륜初轉法輪'이라고 한다. 이러한 부처님의 설법하시는 과정을 녹원전법상이라 한다. 이후 부처님은 45년 동안 중인도 지방을 유행하면서 수행자와 재가자, 귀족, 평민, 노예를 차별하지 않고 누구에게나 평등하게 법을 설하셨다.

〈그림 7〉 녹원전법상

⑧ 쌍림열반상雙林涅槃相: 80세 되던 해 2월 15일, 부처님께서 쿠시나가라의 사라쌍수 아래에서 반열반에 드시는 장면이다. 열반에 드시기 전 부처님의 최후 설법은 다음과 같다.

> 너희들은 저마다 자기 자신을 등불로 삼고, 자기 자신을 의지하라. 진리를 등불로 삼고, 진리를 의지하라. 이 밖에 다른 것을 의지해서는 안 된다. 내가 간 후에는 내가 말한 가르침이 곧 너희의 스승이 될 것이다. 모든 것은 덧없으니 게으르지 말고 부지런히 정진하라.

나는 이미 늙었고, 나이 또한 80이나 된다. 마치 낡은 수레를 방편으로 수리하면 좀 더 갈 수 있는 것처럼 내 몸도 또한 그렇다. 방편의 힘으로써 잠시 목숨을 연장할 수 있기에 나는 스스로 힘써 정진하면서 이 고통을 참느니라. 일체의 사물을 생각하지 않고 생각이 없는 선정(無想定)에 들어갈 때 내 몸은 안온하여 아무런 번민도 고통도 없느니라. 그러므로 아난아, 스스로 맹렬히 정진하되 법法에 맹렬히 정진해야지 다른 것에 맹렬히 정진하지 말며, 스스로 귀의하되 법에 귀의해야지 다른 것에 귀의하지 말라.[4]

어떤 것을 '스스로 맹렬히 정진하되 법에 맹렬히 정진해야지 다른 것에 맹렬히 정진하지 말며, 스스로 귀의하되 법에 귀의해야지 다른 것에 귀의하지 말라'라고 하는가? 아난아, 비구는 안의 몸(身)을 관찰하기를 부지런히 하고 게을리 하지 않아야 하며, 잘 기억하여 잊지 않음으로써 세상의 탐욕과 걱정을 없애야 한다. 또 밖의 몸을 관찰하고 안팎의 몸을 관찰하기를 부지런히 하고 게을리 하지 않아야 하며, 잘 기억하여 잊지 않음으로써 세상의 탐욕과 걱정을 없애야 한다. 수受와 의(意, 心)와 법法도 또한 이와 같이 관찰해야 하느니라. 이것을 아난아, '스스로 맹렬히 정진하되, 법에 맹렬히 정진해야지 다른 것에 맹렬히 정진하지 말며, 스스로 귀의하되 법에 귀의해야지 다른 것에 귀의하지 말라'고 하는 것이

4 이 내용은 "자신을 등불로 삼고, 법을 등불로 삼으며, 다른 것을 등불로 삼지 말라. 자신을 귀의처로 삼고, 법을 귀의처로 삼으며, 다른 것을 귀의처로 삼지 말라."라고 번역하기도 한다.

다. (『장아함경』 제2권)

석가모니 부처님은 이렇게 설법하시고 최후의 열반에 드셨다. 열반涅槃은 궁극적 해탈이라는 뜻이지만 여기서는 죽음을 상징한다. 불교적 죽음은 영원한 결별이 아니다. 오히려 우주의 근원, 생명의 원천으로 되돌아간다는 뜻이다. 부처님께서 여기에 도달하셔서 조용히 열반에 드셨다.

열반의 종류에는 유여열반과 무여열반이 있다. 경전은 열반에 대하여 "실로 이것은 평온이며, 뛰어난 것이며, 모든 형성작용이나 모든 조건의 종식이며, 모든 존재의 의지처의 파기이며, 갈애의 소진이며, 무탐無貪이며, 멸滅이며, 열반이라고 한다."라고 하였다.

〈그림 8〉 쌍림열반상

2. 석가모니 부처님의 생애에 대한 이해

B.C.E 624년, 지금으로부터 약 2,600년 전 인도의 동북부 지역에 위치한 카필라Kapila국 샤카Sakya족의 정반왕(숫도다나왕)과 마야왕비 사이에서 인도 카스트제도의 2번째 계급에 속하는 무사왕족 계급인 크샤트리아로 태어나셨다. 성은 '고타마(Kotama: 최상의 소)'였고, 이름은 '싯달타Siddhartha'로, 이름에 담긴 뜻은 '자기의 목적을 이룬 자'라는 의미이다. 이는 '모든 목적을 달성한 사람'이라는 뜻이다. 어머니 마야왕비는 부처님이 세상에 태어난 지 7일 만에 세상을 떠나고 만다. 태자는 당시 인도 풍습에 의해서 이모인 마하파자파티(불교 교단 최초의 비구니)에 의하여 양육되었다. 당시 왕실에서는 아시타 선인이라는 관상가를 불렀는데, 그는 "태자의 얼굴은 세상에 있으면 전륜성왕이 될 것이고, 도를 닦으면 반드시 부처님이 될 것이다."라고 예언하며 자기는 나이가 많아 이를 볼 수 없음을 슬퍼하며 눈물을 흘렸다고 경전은 전하고 있다. 이 말을 들은 아버지 정반왕은 태자가 장차 출가하면 부처님이 될 것이라는 아시타 선인의 예언을 듣고, 전통적인 학문과 기예를 닦아 장차 전륜성왕이 되도록 온 정성을 쏟았다고 한다. 태자는 19살에 야쇼다라 공주를 맞아 결혼하였으며, 29세에 아들 라훌라가 태어났다. 이때 탄식한 말이 '라훌라(장애, 족쇄란 의미)'라는 말인데 이것이 아들의 이름이 되어버렸다. 그리고 사문유관四門遊觀, 즉 동문에서 늙음을 보고, 남문에서 병자를 보고, 서쪽에서는 죽은 시신을 보고, 마지막 북문에서는 출가 수행자를 목격하고 인생무상을 느끼고 출가를 결심한다. 아버지 정반왕이 출가

를 허락하지 않자. 부왕에게 죽음을 뛰어넘을 수 있는 방법을 가르쳐 주면 출가를 포기하겠다고 한다. 여기에 대한 내용이 『불소행찬』 1권 「출성품」에 나타나 있다.

> 저의 목숨 보전하여 영원히 살고, 병 없고, 또 늙어 쇠하지 않으며, 모든 살림살이 모자라지 않는다면 명령대로 출가를 그만두겠습니다.

여기서 태자가 언급한 전제조건 4가지는, 생명이 있는 존재는 여기서 벗어날 수 없는 절대 진리이다. 부왕의 만류에도 불구하고 태자 나이 29세 때인 어느 날 밤에 애마 칸타카를 타고 성벽을 넘어 출가하였는데, 이것이 유성출가상踰城出家相이다. 출가하여, 그 당시 인도 사상계를 대표하던 수행자를 찾아 생로병사의 해결을 모색했으나 실패하게 된다. 왜냐하면 박가바는 천상에 태어나는 것을 목적으로 고행을 하였고, 알라라 칼라마와 웃다카 라마풋타는 비상비비상처非想非非想處가 목적이었기 때문이다. 또 네란자라 근처의 고행림苦行林에서의 고행은 천상에 태어날 목적이 아니라 정신적 자유를 얻기 위한 육체적 고행이었다. 싯달타는 비상비비상처에도 쉽게 도달하였지만, 결국 그가 찾던 목적과는 거리가 먼 것이었다. 지나친 고행으로 인해 죽음 직전에 가서야 몸을 괴롭히는 고행으로는 대각大覺을 성취할 수 없음을 깨닫고 고행을 중단하게 된다. 이때 깨달은 것이 중도中道의 정신이다. 도를 닦는 데는 향락도 피해야 되지만, 고행도 피해야 한다. 그리하여 그는 핍발라나무(보리수) 아래에서 길상초를 깔고 명상에 잠겼다.

이때 마왕 파순의 항복을 받았다. 여기서 부처님은 우주의 진리인 무상정등각(無上正等覺, 아뇩다라삼먁삼보리)을 얻었는데, 이때 '우주가 곧 내 자신이요, 내 스스로가 우주이다.'라는 것을 알게 된다. 부처님은 깨달음(成道) 이후 아자빨라 니그로다Ajapala Nigrodha 보리수 아래에서 삼칠일(21일) 동안 형언할 수 없는 법열法悅에 잠겨 있었다. 이때 사함빠띠Sahampati 범천이 나타나 석가모니 부처님께 법을 설하시도록 간청했다. 이것이 '범천권청梵天勸請'의 일화이다. 부처님은 "무명無明의 캄캄한 어둠에 갇혀 있는 중생들이 부처님이 깨달은 심오한 진리를 알아들을 수 있을까?"라고 고민하며 중생교화를 망설였다고 한다. 그 구체적인 내용은 『잡아함경』 제44권 제1188경에 다음과 같이 설하고 있다.

> 오직 바른 법이 있어서, 세존께서 스스로 깨달아 다 옳은 깨달음을 성취하였나이다. 그러므로 그것은 여래께서 공경하고 존중하며 받들어 섬기고 공양할 만한 것으로서, 그것을 의지해 살아 가셔야 할 것이옵니다. 왜냐하면 과거의 모든 여래 응등정각應等正覺도 바른 법을 공경하고 존중하며 받들어 섬기고 공양하면서 그것을 의지해 살았고, 미래의 모든 여래·응등정각도 바른 법을 공경하고 존중하며 받들어 섬기고 공양하면서 그것을 의지해 살아갈 것이기 때문입니다. 그러므로 세존께서도 그 바른 법을 공경하고 존중하며 받들어 섬기고 공양하면서 그것을 의지해 살아가셔야 할 것이옵니다.

세존 이전의 마가다국에는 어지러운 법이 설해져 있었으니 때 묻은 자들이 사유한 것이었네. 이제 세존께서 오셨으니 불사不死의 문을 여시어 그 법을 듣고 때 없는 자들이 깨닫도록 하소서. 지극히 현명한 분이시여, 모든 것을 보는 분이시여, 슬픔이 제거된 분이시여, 산의 정상에 있는 바위 위에 오르면 주위에 있는 사람들을 볼 수 있습니다.

그와 같이 법으로 이뤄진 누각 위에 올라서 태어남과 늙음에 정복당하고 슬픔에 빠져 있는 사람들을 내려다보소서. 영웅이시여, 전쟁의 승리자시여, 일어나소서.
빚 없는 대상隊商들의 지도자처럼 세상을 다니소서. 세존이시여, 법을 설하소서. 아는 자가 있을 것입니다.

이러한 과정을 거쳐서 부처님의 초전법륜初轉法輪이 이루어진다. 이것이 녹원전법상鹿苑轉法相으로, 바라나시의 녹야원에서 같이 수행했던 교진여 등 5비구에게 사성제와 중도를 설하셨다.

이후 불교는 급속히 교단의 성립(사부대중의 형성)을 보게 되는데, 그 내용을 잠시 들여다보자. 교단의 첫 형성의 시초는 바로 녹야원에서 초전법륜의 설법을 들은 교진여橋陳如 등 5사람의 귀의로 인하여 수계가 이루어지면서부터 비구 교단이 형성되었다. 이후 야사耶舍와 그의 친구 50인이 귀의하였다. 야사의 아버지 구리가 장자와 야사의 어머니가 귀의함으로써 최초의 우바새와 우바이가 형성되면서 출가와 재가가 구성되었다. 그리고 가섭파迦葉波 등 삼형제, 즉 우루빈나 가섭과 그의 제자 500인, 나제 가섭과 그의 제자 250인, 가야 가섭과 그의 제자 250인을 합친 1,000명의 사람이 부처님께 귀의하였다. 또 사리불(舍利佛, 사리푸타)과 그의 동료 100인이 귀의했다. 목건련(目健蓮, 목갈라나)과 그의 동료 100인이 귀의했으며, 양모 마하파자파티 고타미Mahapajapati Gotami와 500종녀가 출가 귀의하면서 비구니 교단이 형성되었다. 이로써 사부대중의 교단이 형성되었다. 그렇다면 부처님은 어떻게 제자들을 교화했을까? 여기에 대해 살펴보자.

부처님이 가장 많이 머문 교화지역은 사밧티, 라자가하, 베살리, 카필라밧투 등이었다. 그리고 교화활동의 중심지는 마가다국의 수도 라자가하였다. 이 라자가하에서 귀의한 중심인물은 우루벨라Uruvela의 나디Nadi, 가야의 세 가섭Kassapa, 사리불Sariputta, 목건련Moggallana 및 마가다국왕 빔비사라Bimbisara 등이었다. 저 유명한 우루벨라 설법은 다음과 같다.

> 비구들아, 모든 것이 불타고 있다. 모든 것이 불타고 있다는 것은 무엇인가? 이른바 눈이 불타고 있고, 빛깔과 안식과 안촉과 안촉을 인연하여 생기는 느낌, 즉 괴로운 느낌·즐거운 느낌·괴롭지도 즐겁지도 않은 느낌도 또한 불타고 있다. 귀·코·혀·몸도 마찬가지이며, 이와 같이 뜻도 불타고 있고, 법과 의식과 의촉과 의촉을 인연하여 생기는 느낌, 즉 괴로운 느낌·즐거운 느낌·괴롭지도 즐겁지도 않은 느낌도 또한 불타고 있다. 무엇에 의해 불타고 있는가? 탐욕의 불로 불타고 있고, 성냄의 불로 불타고 있으며, 어리석음의 불로 불타고 있고, 태어남·늙음·병듦·죽음·근심·슬

픔·번민·괴로움의 불로 불타고 있다. (『잡아함경』 제8권)

이 설법은 가섭 3형제를 귀의시킨 후에 한 설법이며, 약 1천 명의 비구들을 향하여 한 설법으로, 흔히 기독교의 '산상수훈'[5]에 비견되는 감동적인 가르침이다.

부처님의 주요 교화 장소로는 라자가하의 빔비사라왕이 기진寄進한 죽림정사竹林精舍와 의사 지바카가 기진한 지바카 동산, 암바팔리가 기진한 베살리의 암바팔리 동산, 코삼미의 고시타 동산, 사밧티의 급고독 장자(수다타)와 기타 태자가 기진寄進한 기수급고독원 즉 기원정사祇園精舍, 카필라밧투의 니그로다 동산 등이다.

부처님의 전도 선언에 대해 살펴보면, 아라한의 지위에 오른 제자가 60여 명이 되자, 부처님은 "많은 사람의 이익과 안락을 위해 전도의 길을 떠나라. 다른 마을로 갈 때 혼자 가서 두 사람이 한 곳으로 가는 일이 없도록 하라."고 전도 선언을 하셨다. 이것을 순교이생巡教利生의 명령이라고도 한다.

부처님 교단 최초의 가람은 죽림정사이다. 이 사찰은 가란타 장자가 죽림동산을 보시하고, 마가다국 빔비사라왕이 부처님께 귀의하며 정사를 지어 부처님께 기진한 것이다. 그리고 기원정사는 제타 태자의

5 산상수훈(山上垂訓, Sermon on the Mount)은 예수 그리스도가 30년경에 그의 제자들과 군중들에게 설교한 내용이다. 산상설교라고도 한다. 일부 현대 그리스도인은 가파르나움 근처의 갈릴래아 호수 남쪽 끝에서 설교한 것으로 생각하고 있다. 산상수훈의 내용은 기독교의 마태오 복음서 5장에서 7장까지 기록되어 있다.(김호식, 『성서론』, 갈릴리 출판사, 2002)

숲과 급고독 장자가 세운 사원으로 부처님이 생애 가운데에 제일 오래 머문 곳이다. 여기서 '정사(精舍, vihāra)'란 수도하는 도량으로서, 출가 수도하는 스님(修道僧)이 거처하는 집인 절을 의미한다.

부처님 일생 중에 부처님을 슬프게 한 3가지 사건이 있었는데, 그 첫째는 코살라국의 바두닷타(파세나디왕의 아들)에 의해 부처님의 종족인 석가족의 멸망한 일이다. 둘째는 부처님보다 먼저 부처님의 상수제자인 사리불과 목건련이 열반한 것이며, 셋째는 아난다의 형이었던 데바닷타의 반역이다. 데바닷타는 마가다국 빔비사라왕의 아들인 아자타삿투의 후원을 받아 부처님 교단을 차지하려는 음모를 꾸며 자객을 보내고, 높은 산에서 바위를 굴리고, 성질이 포악한 코끼리를 풀어 부처님을 해치려 했으나 모두 실패하고 산채로 지옥에 떨어졌다고 한다.

부처님은 일생 동안 중생교화의 끈을 놓지 않으시다가, "여래如來에게 오는 자를 막지 말라."고 하시면서 부처님 최후의 제자인 외도 수바드라를 교화하고, B.C.E. 544년 꾸시나라에서 세수 80세에 반열반般涅槃에 드셨다. 부처님의 최후의 유훈(설법)은 "자귀의自歸依 법귀의法歸依 자등명自燈明 법등명法燈明"이다. 곧 "너희들은 저마다 자기 자신을 등불로 삼고, 자기 자신을 의지하라. 진리를 등불로 삼고, 진리를 의지하라. 이 밖에 다른 것(他人, 남)을 의지하지 말라. 내가 간 후에는 내가 말한 가르침이 곧 너희의 스승이 될 것이다. 모든 것은 덧없으니(무상) 게으르지 말고 부지런히 정진하라."라는 것이었다. 생명이 있는 것은 반드시 소멸한다(生者必滅)는 진리를 몸소 보여주기 위해 인간적인 면모를 보이시며 조용한 최후를 맞이하신 것이다.

대승불교에서는 육신은 열반 장면을 연출하나, 부처님의 몸(法身)은 영원하다고 설하고 있다.

◇ 문제 풀어보기

1. 고타마 태자의 직접적인 출가동기에 대한 설명으로 옳은 것은?

① 왕권이나 권력은 자신에 맞지 않다고 판단했기 때문이다.

② 인도 당시에 '집을 떠나 유행하는 풍습'을 따랐기 때문이다.

③ 생로병사에 대한 고苦를 직시하고 이 문제를 해결하고자 출가하였다.

④ 코살라국의 위협이 있었기 때문이다.

2. 다음의 가르침은 부처님께서 열반하실 때에 설하신 유훈이다. (   ) 안에 들어갈 말은?

> (①)에게 귀의하고, (②)에 귀의하며 (③)에게 귀의하지 말라. (①)을 등불로 삼고, (②)을 등불로 삼으며, (③)을 등불로 삼지 말라. 모든 행은 (④)하다. 게으르지 말고 부지런히 정진하라.

①　　　　　　②　　　　　　③　　　　　　④

3. 다음 중 부처님의 사문유관과 관계가 없는 것은?

① 생로병사에 대해 깨닫게 하였다.

② 출가수행에 뜻을 두게 되었다.

③ 사방으로 교화를 펴는 것을 말한다.

④ 태자였을 때 있었던 일이다.

4. 다음 내용과 가장 관계가 깊은 팔상도八相圖는?

> "나는 하늘에 태어나기를 원하지 않는다. 많은 중생이 삶과 죽음의 고통 속에 있지 아니한가? 나는 이를 구제하기 위하여 집을 나가는 것이니, 위없는 깨달음을 얻기 전에는 결코 돌아오지 않으리라."

① 도솔래의상 ② 사문유관상 ③ 유성출가상 ④ 설산수도상

5. 다음 설명에서 가장 거리가 먼 것은?

① 석가모니 부처님은 실재했던 분이 아닌 신화 속의 인물이다.

② 불교의 개조로서 석가모니, 또는 석존을 지칭한다.

③ 인도의 카스트는 신분의 우열과 고귀함이 태어나면서부터 결정된다고 하는 제도이다.

④ '천상천하 유아독존'에 담긴 사상은 인간의 존엄성인 평등사상을 천명한 것이다.

6. 다음은 부처님의 생애를 8단계의 그림으로 설명한 팔상성도의 수하항마상樹下降魔相에 대한 설명이다. 수하항마상에 등장하는 악마 마라에 대한 설명으로 틀린 것은?

① 여기서 악마는 현실적 의미라기보다는 내면적 갈등을 구상화具象化한 상징적 의미를 지닌다.

② 감각적 쾌락, 불쾌, 배고픔과 목마름, 갈망(渴愛)을 뜻한다.

③ 악마는 유신론적 종교에서 말하는 의미와 동일한 존재로 실재한다.

④ 혼침昏沈과 졸음(睡眠), 공포 등으로 자신의 내면에서 일어나는 번뇌이다.

7. 팔상성도는 석가모니 부처님의 전기를 8가지 장면으로 압축 묘사한 그림이다. 이 8가지 장면이 아닌 것은?

① 도솔래의상兜率來儀相 ② 비람강생상毘藍降生相

③ 사문유관상四門遊觀相 ④ 녹원열반상鹿苑涅槃相

8. 다음은 부처님의 사문유관과 관계있는 내용을 짝지은 것이다. 잘못된 것은?

① 서문－죽은 시신 ② 동문－노인

③ 북문－갓난 아이 ④ 남문－병자

9. 부처님의 성도成道 및 열반 시의 나이가 맞게 짝지어진 것은?

① 29세~70세 ② 29세~80세 ③ 35세~70세 ④ 35세~80세

10. 다음 중 싯달타 태자가 태어나자마자 읊었다는 탄생게의 내용으로 옳지 않은 것은?

① 이 생生이 윤회의 마지막이 되리라.

② 나는 영원토록 불법승 삼보에 귀의하리라.

③ 나는 삼계三界의 고통을 모두 편안케 하리라.

④ 하늘 위와 아래에 오직 내가 존귀하다.

11. 부처님의 생애 가운데서 성스러운 일이 일어났던 장소를 불교에서는 4대 성지라고 하는데, 다음 중 부처님께서 깨달음을 얻은 장소는?

① 룸비니 동산 ② 바라나시 ③ 붓다가야 ④ 쿠시나가라

12. 부처님의 아버지와 어머니의 이름이 바르게 묶여진 것은?

① 백반왕－야소다라 ② 정반왕－마야

③ 백반왕－마야 ④ 정반왕－야소다라

13. 석가모니 부처님의 전생에 관한 우화나 설화를 기록한 경전은?

① 『본생경: 자타카』 ② 『화엄경』 ③ 『아미타경』 ④ 『금강경』

14. 부처님은 성도 이후 45년간 교화행적을 남기셨는데. 부처님의 일생은 순탄치만은 않아서 슬픈 일도 많이 있었다. 다음 중 말년에 부처님이 겪으신 슬픈 일과 거리가 먼 것은?

① 부처님의 고향인 카필라국이 코살라국의 유리왕에 의해서 멸망되었던 일

② 부처님의 소중한 제자 사리불과 목련존자가 부처님보다 먼저 세상을 떠난 일

③ 부처님의 사촌 동생이고 아난다의 형이었던 데바닷타가 교단을 분열시키고 부처님을 해치려 한 일

④ 부처님의 시자 아난다가 여인의 유혹을 견디지 못하고 파계하여 교단의 위상을 실추시킨 일

15. 부처님의 생애가 주는 의미를 설명한 것이다. 거리가 먼 것은?

① 당시 신神 중심의 인간관과 세계관을 부정하고 인간의 존엄성과 자아 중심의 세계관을 선언하였다.

② 지나친 고행과 쾌락주의보다는 중도의 길을 통해 진정한 깨달음에 이를 수 있음을 보여 주었다.

③ 현실의 관찰을 통해 괴로움과 괴로움의 원인을 파악함으로서 스스로 해결책을 찾도록 하였다.

④ 신神적인 권위와 강제된 교리를 통해 후세에 우리들로 하여금 어떠한 삶을 살아가야 할 것인지를 보여 주었다.

16. 다음의 가르침에 대한 설명으로 적절치 않는 것은?

"비구들아, 모든 것은 불타고 있다. 눈이 불타고 있고 모든 사물(色)이 불타고 있고, 안식眼識이 불타고 있고, 시각視覺이 불타고 있다. 괴로움이든 즐거움이든 비고비락非苦非樂이든 시각으로 인해 일어난 모든 감각이 불타고 있다. 그것들은 탐욕과 성냄과 어리석음의 불로 타고 있다. 또한 그것은 태어남과 늙음과 죽음, 그리고 슬픔과 고통과 비탄과 번민으로 불타고 있느니라."

① 부처님이 카필라성에서 행한 유명한 설법이다.

② 흔히 기독교의 '산상수훈'에 비견되는 감동적인 가르침이다.

③ 약 1천 명의 비구들을 향하여 한 설법이다.

④ 가섭 3형제를 귀의시킨 후에 한 설법이다.

17. 다음은 싯달타 태자의 나이 12세 되던 해, 부왕과 함께 농경제에 참석하였을 때의 일이다. 당시 태자의 심정을 가장 잘 나타낸 것은?

> "농부는 낡은 옷을 입고 땀을 흘리며 일을 하고, 소는 농부의 채찍을 맞으며 힘들게 밭갈이를 하고, 쟁기에 의해 흙 밖으로 나온 벌레는 새들에게 잡아먹히고 만다. 이처럼 강한 자가 약한 자를 잡아먹고 사는 것이 과연 이 세상의 올바른 질서인가?"

① 강한 자가 살아남는 것은 세상의 당연한 이치야!

② 약한 자가 잡아먹히게 된 것은 본인이 게을러서 받는 당연한 인과응보야!

③ 아, 세상은 왜 이렇게 혼란스러운가. 차라리 멀리 떠나버릴까?

④ 아, 약육강식의 세상이로구나. 어떻게 하면 세상을 고통 속에서 구원할까?

18. 부처님 당시 인도사회는 계급사회를 이루고 있었다. 다음 중 부처님의 출신계급을 지칭하는 것은?

① 바라문 ② 바이샤 ③ 수드라 ④ 크샤트리아

〈생각해 봅시다〉

1. 팔상성도의 핵심은 무엇인가?

2. 유신론적 종교에서 언급하고 있는 '악마'와 불교에서 말하는 '마라'는 어떤 차이가 있을까?

• 제3강 •

세상의 이치는 무엇인가
- 연기법

1. 불교에서 말하는 법의 의미

경전에서는 붓다가 발견한 진리를 '법法'이라고 한다. "붓다는 법을 깨달았다." 또는 "바른 법(正法)을 성취했다."라고 말하고 있다. 이 말을 현대적인 표현으로 하면 "붓다는 진리를 발견했다, 진리를 이해했다."라는 말과 같다.

'법'이란 산스크리트어로 '다르마dharma, 팔리어로는 담마dhamma'를 번역한 말이다. 진리 법칙인 다르마는 '유지하다', '보존하다'의 의미 이외에 규범·의무·사회질서 등의 의미뿐만 아니라 존재, 물物의 의미도 갖고 있다. 그런데 여기서 주의해야 할 것은, 우리가 일반적으로 알고 있는 사회질서 유지를 위한 법률과는 그 의미가 다르다는 것이다. 왜냐하면 법은 그 전체가 붓다가 발견하고, 깨닫고, 선포한 해탈의 가르침으로, 곧 붓다가 깨달으신 진리(즉 연기에 의해 성립된 세상의 모든 존재)와 가르치신 교법敎法을 말하기 때문이다. 법은 인생과 우주의 근본적인 사실에 대해 다루고 있는 것으로 마음의 정화와 통찰의 지혜를 향한 인간 자신의 노력을 통해서 획득되는 자유이다. 한마디로 부처님의 교설 전체에 대한 내용을 법이라 한다. 이것을 다시 정리하면 다음과 같다.

법보法寶의 의미는 부처님이 깨달으신 진리와 그것을 제자들에게 가르치신 교법敎法을 말한다. 삼보三寶 가운데 법보가 그것이다.

물(物: 존재와 사물)의 의미는 존재하는 바의 모든 것, 즉 모든 사물(物)을 말할 때의 법이다. 여기에 대한 일례를 들어본다면, 삼법인三法印에서의 제법무아諸法無我의 법이며, 대승경전에 나오는 모든 법의 공한 모양(諸法空相)이 여기에 속한다.

경전의 의미에 담긴 법은 불교경전을 일컬을 때의 법으로 한마디로 부처님의 교설 전체에 대한 내용이 법이다. 그렇다면 사회법과 불교에서의 법은 어떻게 다를까? 여기에 대한 설명을 부연하면, 알고 지은 죄와 모르고 지은 죄의 경중을 놓고 법을 잣대를 적용할 때, 세간의 법은 모르고 지은 죄의 형량이 가볍지만, 불교에서는 모르고 지은 죄를 더 무겁게 본다는 것이 다르다. 왜냐하면 불교에서는 모르고 지은 죄는 죄일 줄도 알지 못하기 때문에 무한 반복되는 죄과가 있을 뿐이고, 죄라는 것을 알고 지었을 때는 언젠가는 죄를 짓지 않을 개선의 여지가 남아 있기 때문에 좀 더 가볍게 보는 차이가 있다.

2. 연기법 - 열반으로 인도하는 진리

고타마 싯달타 수행자가 6년간의 고행을 중단하고 선정(명상)에 든 지 7일째 되는 날에 깨달은 진리의 내용이 바로 연기緣起이다. 연기법은 인연법, 인과법이라고도 한다. 모든 것은 독자적으로 존재하지 않고 상호관계 속에서 존재한다는 진리이다. 세상에 존재하는 모든 것은 바로 이런 연기의 법칙, 즉 서로 원인과 결과가 되어 서로 의존하며 생겨난다는 것이다.(상의 상관법) 즉 모든 것은 원인이 있으며, 원인을 근거로 생겨나고 원인이 사라지면 소멸한다는 것이다. 예컨대 산 너머에서 피어오르는 연기는 홀로 일어나는 현상이 아니라, 섶이나 사물에 붙은 불 때문에 생겨난다는 것이다. 『잡아함경』 제13권 「335경」 「제일의공경」과 『잡아함경』 제14권 「358경」에서는 이 연기의 원리를 좀 더 구체적으로 설명하고 있다.

> 이것이 있기 때문에 저것이 있고(此有故彼有), 이것이 생기기 때문에 저것이 생긴다(此起故彼起). 이것이 없기 때문에 저것이 없고(此無故彼無), 이것이 사라지기 때문에 저것이 사라진다(此滅故彼滅).

"이것이 있으므로 저것이 있고 이것이 생김으로써 저것이 생긴다."는 말은 존재의 생성을 존재의 생성을 설명하고, "이것이 없기 때문에 저것이 없고, 이것이 사라짐으로써 저것이 사라진다."는 말은 존재의 소멸을 설명한다. 이처럼 연기법은 존재의 '생성과 소멸의 상호관계성'의 진리를 밝혀준다. 이 연기법에 따르면, 고통과 슬픔은 홀로 우연히 일어나는 것이 아니다.

『중아함경』의 「상적유경」에서는 붓다가 깨달아 가르친 진리가 '연기법'이라는 것을 좀 더 분명하게 전하고 있다. "만일 연기緣起를 보면 법法을 보고, 법을 보면 연기를 본다. 그리고 연기를 보는 자는 부처님을 본다."라고 가르치고 있다. 연기법은 인연법因緣法, 또는 인과법因果法이라고도 한다. 모든 것은 독자적으로 존재하지 않고 관계 속에서 존재한다는 진리이다. 불교에서는 모든 존재의 실상을 연기의 무상無常, 무아無我로써 설명하고 있다.

여기에서는 "이것이 있기 때문에 저것이 있다."와 "이것이 생기기 때문에 저것이 생긴다."라는 구절로써 존재의 발생을 설명하고 있다. 그리고 "이것이 없기 때문에 저것이 없다."와 "이것이 사라지기 때문에 저것이 사라진다."라는 구절로써 존재의 소멸을 설명하고 있다. 모든 존재는 그것을 형성시키는 원인과 조건에 의해서만이, 그리고 상호관계에 의해서만이 존재하기도 하고 소멸하기도 한다는 것을 이렇게 설명하고 있다. 결국 '연기법'이란 존재의 '관계성關係性'을 말하는 것이다. 연기법을 다른 경전에서는 '상의성相依性'이라고 말하기도 한다. 따라서 연기법이란 이처럼 모든 존재는 서로가 서로를 의지하고 관계를 가짐으로써 존재할 수 있는 것이고, 그 관계가 깨어질 때 존재도 사라지게 된다는 것이다. 연기법을 존재의 '관계성의 법칙' 또는 '상의성의 법칙'이라고 말할 수 있는 이유가 여기에 있다. 결론적으로 말한다면, 연기라는 말은 즉 원인이 있으면 결과가 있고, 원인이 생겨나면 결과도 생겨난다. 원인이 없으면 결과도 없고, 원인을 없애면 결과 또한 없앨 수 있다는 말이다.

바로 이 연기법이 이 우주를 만들고 유지하고 무너뜨린다는 것을 부처님께서는 진리의 눈으로 꿰뚫어보셨던 것이다. 모든 사물은 연기 속에 존재한다. 아무것도 혼자만의 독자성(神), 변하지 않는 영속성을 가진 것은 없다. 서로 의지하고 관련을 맺으면서 생성과 소멸을 거듭할 뿐이다. 이것은 또 불교의 시간관과도 연관된다. 우주만물의 이치는 생겨나서(成) 머물다가(住) 무너져(壞) 공空으로 돌아가는 만고萬古의 진리인 성주괴공成住壞空이 그것이다. 이는 세계가 성립되는 지극히 긴 기간인 성겁成劫, 머무르는 기간인 주겁住劫, 파괴되어 가는 기간인 괴겁壞劫, 파괴되어 아무 것도 없는 상태로 지속되는 기간인 공겁空劫을 말한다. 이처럼 불교에서 우주가 시간적으로 무한하여 무시무종無始無終인 가운데 생성 소멸하며 변화하는 것을 설명하는 개념이 4겁四劫이다. 그것을 줄여서 성주괴공이라고 한다.

인과업보因果業報의 원리를 좀 더 자세히 살펴보면, 원인에도 직접적인 원인과 간접적인 원인이 있다. 이것을 인연화합법因緣和合法, 인연법因緣法이라 한다. 즉 결과발생의 직접적인 원인을 인因이라 하고, 결과발생의 간접적인 조건을 연(緣: 객관적이고 대상적인 상황)이라 한다. 인간의 성패를 우유와 치즈와의 관계로 비유할 수 있다. 따라서 모든 것은 인연(직접적인 원인과 간접적인 조건)에 의해서 생겨난다.(인연생기因緣生起=연기緣起)

∴ 연기법을 설한 목적은 부처님께서 깨달으신 진리의 핵심인 이 연기의 이치를 깨쳐서 인간으로서 가져야 할 올바른 세계관을 정립하는 데 있다.

연기법은 사실 세계의 현상관계뿐만 아니라 어떤 이유에서 우리의 고통과 불행이 생겨나고, 어떻게 하면 그것을 극복하여 즐거움과 행복의 이상에 도달할 수 있는가 하는 인생의 실상을 가르치고 있다. 즉 "연기의 진리는 내가 만든 것도 아니며, 다른 사람이 만든 것도 아니다. 부처님이 세상에 나오건 나오지 않건 간에 이 진리는 세상에 항상 있는 것이다. 부처님은 다만 이 법을 깨달아 중생에게 설할 뿐이다."라고 하였다.

이러한 **연기의 특징을 3가지로 정리하면** 다음과 같다.

첫째, 인과(원인과 결과)의 법칙: 세상의 모든 것은 원인이 있으면 반드시 결과가 따른다는 인과율의 지배를 받고 있다는 것이다. 하나의 결과에는 그에 상응하는 원인이 반드시 있다는 것이 불교의 가르침이다.

둘째, 인연의 법칙: 세상 만물의 변화는 원인과 조건의 상호작용에 따른다는 것이다. 사대四大의 화합이 그것이다. 여기서 사대란 땅(地), 물(水), 불(火), 바람(風)이다.

셋째, 상의 상관성의 법칙(관계성의 법칙): 만물은 인과와 인연의 법칙에 따르고 있지만, 개개의 사물들은 다시 서로가 서로를 의존해서 존립하는 관계에 있다는 것이다. 따라서 연기란 서로가 서로를 말미암아 함께 일어난다는 뜻이다.

3. 괴로움의 발생구조와 소멸구조인 십이연기법

불교에서는 죽음의 원인과 그 극복 방법을 어떻게 보고 있을까? 여기에 대하여 『근본설일체유부비내야파승사』 제5권에서는 다음과 같이 설하고 있다.

> 그때 부처님께서는 다시 못가로부터 보리수 아래로 돌아와 풀을 깔고 그 위에 단정한 몸으로 결가부좌하고 여법하게 앉아, 12인연因緣이 순환하고 반복하며 일어나는 이치를 관하였다. 이른바 이것이 있으므로 저것이 생기나니, 무명無明이 있으므로 행行이 생기고, 행이 있으므로 식識이 생기며, 식이 있으므로 명색名色이 생기고, 명색이 있으므로 6처處가 생기고, 6처가 있으므로 촉觸이 생기고, 촉이 있으므로 수受가 생기고, 수가 있으므로 애愛가 생기고, 애가 있으므로 취取가 생기며, 취가 있으므로 유有가 생기고, 유가 있으므로 생生이 생기며, 생이 있으므로 늙음과 죽음·근심과 슬픔과 고뇌가 생긴다. 이것이 멸하기 때문에 저것이 멸하나니, 무명이 멸하면 행이 멸하고, 행이 멸하면 식이 멸하며, 식이 멸하면 명색이 멸하고, 명색이 멸하면 6처가 멸하며, 6처가 멸하면 촉이 멸하고, 촉이 멸하면 유가 멸하며, 유가 멸하면 생이 멸하고, 생이 멸하면 늙음과 죽음·근심과 슬픔과 고뇌가 멸한다.

이 경전에서 알 수 있는 것처럼 무명으로부터 생로병사의 괴로움을 낳은 12단계의 과정을 설명한 것을 십이연기설이라고 한다. 이것은 진리에 대한 무지에서 연유한다.

'연기법'을 바탕으로 해서 만들어진 연기의 가장 완성된 모습을 갖춘 연기緣起가 십이연기이다. 이것을 '12인연'이라 부르기도 한다. 십이연기란 무명無明, 행行, 식識, 명색名色, 육입六入, 촉觸, 수受, 애愛, 취取, 유有, 생生, 노사老死이다. 십이연기로써 때로는 생멸·변화하는 세계와 인생의 모든 현상을 설명하기도 하지만, 그러나 이 교리의 근본 목적은 인생의 근원적인 문제인 '고苦' 가 어떻게 생겨나고, 또 어떻게 해서 사라지는가를 밝히는 것이다. 이 연기의 교설을 인간 생명의 실상으로 설명해 보면 다음과 같은 12가지의 연결고리에 의한다는 것을 알 수 있는데, 이것이 바로 십이연기이다. 십이연기를 관찰하는 방법에는 순관順觀과 역관逆觀이 있다. 먼저 순관이란, "무명을 조건으로 해서 행이 있고, 행을 조건으로 해서 식이 있고, 식을 조건으로 해서 명색이 있고, 명색을 조건으로 해서 육입이 있고, 육입을 조건으로 해서 촉이 있고, 촉을 조건으로 해서 수가 있고, 수를 조건으로 해서 애가 있고, 애를 조건으로 해서 취가 있고, 취를 조건으로 해서 유가 있고, 유를 조건으로 해서 생이 있고, 생을 조건으로 해서 노사가 있고, 노사(苦)를 조건으로 해서 무명이 있다."라고 관찰하는 것이다. 여기서 노사는 다른 말로 '고苦'라고 할 수 있다. 즉 순관은 고苦의 발생과정을 설명하는 방법이다. 이렇게 보는 연기를 유전流轉연기라고도 부른다. 그것은 존재가 무명과 욕망 등으로 말미암아 윤회의 세계에서 생사를 되풀이하는(流轉) 과정, 즉 윤회를 초래하는 과정을 설명하는 연기이기 때문이다. 이 유전연기는 인생의 고뇌가 어떻게 발생하는지를 설명하는 것이다.

이와 달리 역관이란 고苦가 소멸하는 과정을 설명하는 방법이다. "무명이 소멸하기 때문에 식이 소멸하고, 식이 소멸하기 때문에 명색이 소멸하고, 명색이 소멸하기 때문에 육입이 소멸하고, 육입이 소멸하기 때문에 촉이 소멸하고, 촉이 소멸하기 때문에 수가 소멸하고, 수가 소멸하기 때문에 애가 소멸하고, 애가 소멸하기 때문에 취가 소멸하고, 취가 소멸하기 때문에 유가 소멸하고, 유가 소멸하기 때문에 생이 소멸하고, 생이 소멸하기 때문에 노사가 소멸하고, 노사가 소멸하기 때문에 무명이 소멸한다."라고 관찰하는 것이다. 이렇게 보는 연기를 환멸還滅연기라고도 한다. 그것은 존재가 무명과 욕망을 없앰으로써 생사유전의 세계에서 벗어나 열반으로 돌아가는(환멸還滅) 과정을 설명하는 연기이기 때문이다. 환멸연기는 어떻게 고통을 소멸하여 이상세계에 도달하는지를 제시하는 것이다. 이 부분은 환멸연기에 관한 구체적인 설명을 해주며, 사성제 중의 도제, 즉 팔정도에 해당한다. 팔정도는 불교의 이상인 해탈에 도달하는 실천법이다. 그리고 윤회는 십이연기의 양상이며, 성실한 수행으로 십이연기의 진실을 깨달음으로써 윤회의 고통으로부터 벗어날 수 있다. 이에 비해 사성제에서 제시한 팔정도는 성실한 수행의 실천법이 된다.

연기설 중의 십이연기는 부처님이 선정에 들어 내적인 성찰을 통해 깨달은 도리로 알려져 있다. 그래서 이 도리를 가르치는 십이연기설은 자내증自內證의 법문으로 불리며, 부처님처럼 스스로 자신을 위해 고찰하도록 교시된 법문이다. 이에 대해 사성제는 그러한 연기설을 다른 사람들을 위해 이해하기 쉽게 교시한 법문이다. 연기설이 스스로 깨닫기 위한 이론적인 법문이라면, 사성제는 다른 사람들을 깨달음으로 인도하기 위한 실천적인 법문이다. 그러면 십이연기의 각 항목들에 대하여 자세히 살펴보자.

①**무명**(**無明**, avidyā): 무명이란 글자 그대로 '명(明, 智慧)이 없다'는 말이다. 올바른 법(정법正法), 즉 진리에 대한 무지를 가리킨다. 구체적으로는 연기의 이치에 대한 무지이고, 사성제에 대한 무지이다. 고苦는 진리에 대한 무지 때문에 생기므로, 무명은 모든 고를 일으키는 근본원인이다. 즉 근본적인 어리석음을 뜻한다.
②**행**(**行**, saṃskāra): 무명을 조건으로 해서 행이 있다. 행이란 행위, 즉 업(業 karma)을 가리킨다. 행行에는 몸으로 짓는 신행(身行: 신업身業)과 언어로 짓는 구행(口行: 구업口業)과 마음으로 짓는 의행(意行: 의업意業) 등 3행이 있다. 행(行: 業)은 진리에 대한 무지, 즉 무명 때문에 짓게 되고, 그것을 지은 존재의 내부에 반드시 잠재적인 힘(잠재력潛在力)의 형태로 남게 된다. 잠재적인 무의식의 힘이다.
③**식**(**識**, vijñāna): 행을 조건으로 해서 식이 있다. 식은 인식작용으로서 안식眼識, 이식耳識, 비식鼻識, 설식舌識, 신식身識, 의식意識 등 육식이 있다. 식이란 표면적인 의식뿐만 아니라 잠재의식도 포함한다. 예를 들어 꽃을 볼 경우 꽃이라는 인식이 일어나게 되는 것은 전에 꽃을 본 경험이 잠재의식 상태로 남아 있기 때문에 가능하다. '꽃을 보았다'는 '과거의 경험'은 과거의 행(위)이다. 따라서 과거의 행이 없다면 현재의 인식작용이 일어날 수 없다. 그래서 '행을 조건으로 해서 식이 있다.'고 하는 것이다. 식은 요별了別하는 뜻으로, 경계를 대하여 인식하는 마음의 작용, 또는 마음의 단초라고 할 수 있다.

④명색(**名色**, nāmarūpa): 식을 조건으로 해서 명색이 있다. 명(名, nāma)이란 정신적인 것을, 색(色, rūpa)이란 물질적인 것을 가리킨다. 정신적인 것과 물질적인 것은 모두 인식의 대상이다. 식이 발생하기 위해서는 인식의 대상이 있어야 한다. 그런데 여기서는 '명색(名色: 대상, 경境)을 조건으로 해서 식이 있다.'라고 하지 않고, '식을 조건으로 해서 명색이 있다.'라고 되어 있다. 이 관계에 대해서는 다음 항인 육입六入과 함께 설명하지 않으면 안 된다.

명색은 심왕心王·심소心所로 나뉘는데 크고 작은 모양새가 없고, 단지 이름으로만 부르는 것이므로 명名이라 한다. 색色은 색법色法을 말하며, 크고 작은 모양새는 있으나 아직 육근根이 구족되지 못하여 단지 몸과 뜻만 있는 것을 말한다. 이것을 오온(蘊: 색수상행식)으로 말하면, 색온色蘊은 물질적인 측면(色)을 뜻하고, 나머지 4온은 정신적인 측면(名)을 의미한다. 따라서 명색은 물질적인 요소와 정신적인 요소의 결합상태이다.

⑤육입(**六入**, ṣaḍāyatana): 명색을 조건으로 해서 육입이 있다. 육입이란 눈, 귀, 코, 혀, 몸, 마음 등의 6가지 감각기관, 즉 육근根이다. 이것은 인식기관이다. '명색을 조건으로 해서 육입이 있다.'라는 것을 좀 더 풀이해서 말하면 '인식의 대상인(경境)인 명색을 조건으로 해서 인식의 기관(根)인 육입이 있다.'라는 말이 된다. 그런데 이것은 어떻게 가능한가. 여기에서 식·명색·육입 등 3항목(三支)은 시간적으로 선후의 관계로 보지 말고 동시적인 것으로 보아야 한다. 식이 발생하기 위해서는 그 대상인 명색과 그것을 인식할 수 있는 기관인 육입이 동시에 있어야 한다. 그러나 위에서 본 것처럼 식이 행과 밀접한

관계를 가지고 있기 때문에 식을 행 다음에 놓은 것이다. 육입六入은 6가지의 감각기관으로, 육처六處라고도 한다.

⑥**촉**(觸, sparśa): 육입을 조건으로 해서 촉이 있다. 촉이란 지각知覺을 일으키는 일종의 '심적心的인 힘'이다. 촉에도 눈(眼)·귀(耳)·코(鼻)·혀(舌)·몸(身)·마음(意) 등 6개의 감각기관에 의한 촉이 있다. 촉은 육입에 의해서 생긴다고 되어 있지만, 좀 더 정확하게 말한다면 육입으로만 의해서가 아니고 식識·명색名色·육입六入 등 3요소가 함께 함으로써 발생하게 된다. 그래서 『수성유경手聲喩經』에서는 "육근根·육경境·육식識 등 3요소가 모여서 촉을 만든다."라고 하는 것이다. 따라서 촉觸은 대상에 접촉(느낌)하는 것으로, 육근根과 육경境과 육식識을 화합시키는 작용이다.

⑦**수**(受, vedanā): 촉을 조건으로 해서 수가 있다. 수란 즐거운 감정(樂受), 괴로움 감정(苦受), 즐거움도 괴로움도 아닌 감정(不苦不樂受)과 그 감수感受작용을 말한다. 감각기관(根)과 그 대상(境), 그리고 인식작용(識) 등 3요소가 만날 때 거기에서 지각知覺을 일으키는 '심적인 힘(觸)'이 생기게 되고, 그 다음 수受가 발생하게 된다. 그러므로 '수는 촉을 조건으로 해서 있다.'라고 하는 것이다. 따라서 수受란 감수작용으로, 바깥 경계를 마음에 받아들이는 정신작용이다.

⑧**애**(愛, tṛṣṇā): 수를 조건으로 해서 애가 있다. 애란 갈애渴愛로서 욕망을 말한다. 좋아하는 것을 만나거나 싫어하는 것을 만나게 되면 그것에 애착심이나 증오심을 일으키게 된다. 증오심 역시 애의 일종이다. 고苦·락樂 등의 감수작용이 심하면 심할수록 거기에서 일어나는 애착심과 증오심도 커진다. 그래서 '수를 조건으로 해서 애가 있다.'라

고 하는 것이다. 애는 사랑하고 미워하는 일이다. 『성유식론成唯識論』에서는 다음 생을 받을 인연이 되는 탐번뇌貪煩惱를 애愛라고 한다.

⑨취(**取**, upādāna): 애를 조건으로 해서 취가 있다. 취는 취착取着의 의미로서 올바르지 못한 집착이다. 맹목적인 애증愛憎에서 발생하는 강렬한 애착을 취라고 한다. 어떤 대상에 대해 욕망이 생기면 뒤따라 그것에 집착심을 일으키게 된다. 그래서 '애를 조건으로 해서 취가 있다.'라고 하는 것이다. 취는 애를 인연하여 일어나는 집착이다. 또 애의 다른 이름이기도 하며, 번뇌의 총칭이다.

⑩유(**有**, bhava): 취를 조건으로 해서 유가 있다. 유란 존재를 말한다. 초기경전에서는 취를 조건으로 해서 어떻게 존재가 있게 되는가를 설명해 놓은 곳을 찾기 어렵다. 업설業說에 의하면 집착(取) 때문에 업業이 만들어지고, 업은 생生을 있게 하는 조건이 된다. 두 번째 항목인 '행'을 무명으로 인해 생기는 소극적인 업이라고 한다면, 유는 '애'와 '취'를 조건으로 해서 생기는 적극적인 업이라고 할 수 있다.

⑪생(**生**, jāti): 유를 조건으로 해서 생이 있다. 유, 즉 업業은 생을 있게 하는 원인이기 때문에 '유에 의해서 생이 있다.'라고 하는 것이다. 생이란 태어남이다.

⑫노사(**老死**, jarā-maraṇa)**와 우비고수뇌憂悲苦愁惱**: 생을 조건으로 해서 늙음과 죽음 등 여러 가지 고苦가 있다. 생이 있게 되면 필연적으로 늙음과 죽음이 있게 된다. 그리고 다른 여러 가지 고, 즉 근심(우憂), 비애(비悲), 고통(고苦), 번뇌(수愁), 번민(뇌惱) 등이 발생하는 것이다. "만일 사량思量하거나 또 망상妄想이 생긴다면 그 번뇌(使)를 반연攀緣하여 식識이 머무르게 되고, 반연하여 식이 머무르기 때문에 미래

세상의 태어남·늙음·병듦·죽음과 근심·슬픔·번민·괴로움이 있게 되나니, 이렇게 하여 순전한 괴로움뿐인 큰 무더기(五蘊)가 발생하게 된다.

만일 사량하지 않고 망상하지 않는다면 번뇌가 없고, 반연한 식의 머무름도 없게 된다. 반연한 식의 머무름이 없기 때문에 미래 세상의 태어남·늙음·병듦·죽음과 근심·슬픔·번민·괴로움이 소멸하나니, 이렇게 하여 순전한 괴로움뿐인 큰 무더기(五蘊)가 소멸하느니라. (『잡아함경』 359경 「사량경」)

이상의 십이연기를 도표로 정리해 보면 다음과 같다.

〈표 2〉 십이연기의 순관(유전연기)과 역관(환멸연기)의 과정

순관 順觀	십이연기 緣起	설명	역관 逆觀
↓ ↓ ↓ ↓ ↓ 유전연기 流轉緣起	무명無明	연기의 근본원인인 진리에 대한 무지無智, 무아無我나 연기의 이치를 모르는 것	환멸연기 還滅緣起 ↑ ↑ ↑ ↑ ↑
	행行	무명으로 인한 모든 선악의 행위. 행은 결합하는 작용의 뜻이 있음.	
	식識	무명과 행으로 인한 분별의식.	
	명색名色	분별의식에 의해 일체의 존재가 나타남을 말함. 색은 물질적인 것, 명은 비물질적인 것을 말함.	
	육입六入	눈·귀·코·혀·몸·의지의 6가지 감각기능이 발생. 육처六處라고도 함.	
	촉觸	육입이 색·소리·냄새·맛·촉감·법의 육경六境에 접촉하는 것.	
	수受	접촉으로 인한 느낌. 괴로움·즐거움·괴롭지도 즐겁	

	지도 않는 것 등 3가지 느낌이 있음.
애愛	고통은 피하고 즐거움은 탐하는 욕구.
취取	애에 의하여 추구된 대상을 자기 소유로 취하는 작용.
유有	애와 취로 인하여 업을 지어감.
생生	업으로 인하여 태어남.
노사老死	생이 있음으로 해서 늙고 죽음이 있게 됨. 노사뿐 아니라 우비憂悲 고뇌苦惱, 즉 근심·슬픔·괴로움·번뇌가 따름.

그렇다면 연기緣起와 중도中道는 어떤 연관성이 있을까? 연기와 중도의 관계를 간단하게 언급해 보면, 연기가 곧 중도이다. 중도란 의미는 양 극단을 떠나 조화로운 관계를 형성하는 것이요, 조화로운 관계는 바로 나와 너를 고집하지 않고 상호 연결되는 연기관계를 일컫는 것이다. 연기에 입각해야만 중도의 자리에 서게 된다. 사성제 또한 인과의 법칙, 즉 연기의 법칙으로 이루어져 있다. 연기·중도·사성제는 입장에 따른 차이일 뿐 그 근본구조는 서로 연결되어 있다. 중도를 양 극단의 가운데로 생각하기 쉽다. 그러나 그것은 중간일 뿐이지 중도가 아니다.

예를 들어 흑백논리가 틀리기 때문에 어중간한 회색논리를 펴는 것은 옳지 않다. "중도는 곧 정도正道이다." 때문에 이 중도는 나와 너, 옳고 그름, 이것과 저것, 내편과 네 편으로 나뉘어 대립하고 갈등하는 고통을 치유하는 바른 길이다. 중도는 곧 팔정도八正道이다. 부처님께서 45년 설법의 최초와 최후의 가르침으로 팔정도를 설하셨으며, 이것이 바로 중도이다. 중도는 연기적 현상을 통찰하는 지혜이다. 즉 중도의 실천으로 제시된 것이 바로 팔정도이다.

그러면 나는 어떤 법을 한결같이 말하는가? 나는 이런 이치를 한결같이 말하나니, 곧 괴로움(苦)과 괴로움의 발생(苦集)과 괴로움의 소멸(苦滅)과 괴로움의 소멸에 이르는 길의 자취이니, 그러므로 나는 한결같이 이것만을 말한다. 이것이 바로 말하지 않아야 할 것은 말하지 않고 말하여야 할 것은 말한다고 하는 것이다.
(『중아함경』「전유경」)

고행주의와 쾌락주의의 양 극단을 떠난 바른 길이 바로 팔정도八正道이며, 이 팔정도는 사성제와 깊이 연결되어 있다는 것을 확인할 수 있다.

4. 불교의 세 가지 근본 교의인 삼법인

삼법인三法印은 불교의 근본 교의敎義로서, 여기서 인印의 뜻은 일정불변一定不變의 진리라는 의미이다. 간단하게 설명한다면, 첫 번째의 제행무상諸行無常은 일체 현상계가 끊임없이 변한다는 것이며, 두 번째 제법무아諸法無我는 일체 현상은 자성自性이 없다는 것이며, 세 번째 열반적정涅槃寂靜은 생사에 윤회하는 고통을 벗어난 이상의 경지이다. 열반적정 대신에 일체개고一切皆苦를 넣기도 한다. 그러면 각 항목을 조금 더 살펴보자.

1) 제행무상諸行無常: 조건에 의해 생겨난 모든 현상은 영원하지 않다

첫째, "모든 것은 멈추어 있지 않고 변한다(諸行無常)."는 것이다. 즉 거대한 우주에서 작은 생물에 이르기까지 어느 것 하나 변하지 않는 것이 없다. 물론 인간도 예외일 수 없다. 그러나 무상無常이란 말을 '덧없다'거나 '허무하다'라는 뜻으로만 알고, 마치 불교의 가르침이 허무주의인양 잘못 알고 있는 경우가 종종 있다. 그러나 불교에서 말하는 제행무상諸行無常은 모든 것들은 변한다는 뜻이다. 변한다는 것은 크게 두 가지로 나누어 볼 수 있다. 이미 생성된 것이 파괴된다는 뜻이 있는가 하면, 아직 생성되지 않은 것이 성장하고 발전한다는 의미도 갖고 있다. 한 예로 사람이 병들어 죽는 것만 무상이 아니라, 말기 암 환자가 병을 극복하고 건강해지는 것도 무상이다. 만일 무상하지 않다면 오히려 더 큰 문제들이 일어날 것이다. 무상하기 때문에 아이가 어른이 될 수 있고, 사과나무가 열매를 맺을 수 있는 것이다. 사물이 변하고 인간이 늙고 병들고 죽는다는 것이 그 누구의 뜻에 따른 것이 아닐 뿐더러, 또한 죄악의 대가도 아닌 것이다. 또한 무상이란 좋고 나쁘고 기쁘고 슬프고 하는 감정의 문제가 아닌, 만물의 성질을 나타내는 법法인 것이다.

2) 제법무아諸法無我: 모든 법들은 영원한 자아自我가 없다

둘째, 우리가 살고 있는 세계는 끊임없이 변하는 것이기에, "존재하는 모든 것은 실체가 없다(諸法無我)."라고 파악하고 있다. 제법무아諸法無我라는 말은 어떤 일에 몰두해서 자기 자신을 의식하지 못하는 망아妄我의 경지를 뜻하는 것이 아니다. 여기에서 무아無我는 '나'라고 할 수 있는 고정 불변의 실체가 없다는 말이다. 따라서 '모든 법(諸法)은 내가 없다(無我).'라고 할 때 이것은 인간만 아니라 모든 사물에게도다 적용됨을 말한다.

모든 존재는 서로의 관계 속에서 끊임없이 서로 영향을 주고받으며 존재의 원인과 근거가 된다는 연기의 가르침에서 보면 모든 존재는 이 연기적 관계를 벗어나 홀로 존재할 수 없다. 또한 무상의 진리에서 본다면 어떤 존재도 불변의 실체나 자아를 유지할 수 없다. 그 존재를 유지시키는 원인과 조건도 변화하기 때문이다. 한 예를 들어보자. 여기에 딸기잼이 있다고 하자. 이 딸기잼을 저장을 잘못하면 부패하고 썩어버리게 되어 쓰레기로 변하고 만다. 또한 딸기잼은 딸기와 설탕과 향료와 굳게 만드는 물질 등 여러 가지가 함께 모여서 생성된 것이기 때문에 그 중 어느 하나를 딸기잼이라 부를 수 없다. 이와 같이 모든 존재는 원인과 조건에 의해 생성, 유지되며, 그러한 모든 것은 고정 불변하는 성질이나 실체가 없다는 것을 무아라고 한다.

3) 일체개고一切皆苦: 조건에 의해 생겨난 모든 현상은 괴로움이다

셋째, 모든 존재의 속성을 밝히는 법으로 일체개고一切皆苦를 들 수 있다. 이 말은 '모든 것은 괴로움이다'라고 해서 마치 불교가 염세주의를 표방하는 종교로 오해받게 하고 있다. 그러나 여기에서 괴로움, 고苦란 말은 인간의 가치관이나 감정이 개입되는 것이 아니다. 모든 존재들의 성질을 말하고 있는 것이다. 불교에서 말하는 고는 정신적, 육체적으로 느끼는 고통만을 말하는 것은 아니다. '존재하는 모든 것'이라는 의미를 갖는 일체가 모두 고라고 말하는 것은 존재하는 모든 것들이 불완전하고 불편한 상태이며, 이러한 상태를 일정하게 유지하기 위해 온갖 힘든 노력을 다하고 있다는 것을 의미한다. 모든 존재들이 스스로를 유지하려고 힘을 들이고 노력하고 있는 모습을 한마디로 고라고 표현한 것이다. 그래서 인간만이 아니라 존재하는 모든 사물, 즉 일체가 이와 같은 상태에 있다고 말하는 것이다. 그래서 무상이라는 진리 속에 서 있는 존재가 가진 '불완전성'과 그 불완전한 개체를 지속시키려고 '힘들이는' 모든 작용까지도 함축한 것이 바로 고인 것이다. 꽃이 피는 것도, 어린아이가 배고파 우는 것도, 책상이 여기에 이렇게 있는 것도 고라고 할 수 있다. 여기에도 따라서 '일체의 모든 것이 고苦다'라는 말은 결코 염세주의가 아니라, 모든 존재의 속성을 밝혀낸 법이라는 것을 알아야 한다.

4) 열반적정涅槃寂靜

'열반涅槃'과 '적정寂靜'은 동의어로서, 열반의 의미가 바로 '적정'이다. 열반에 대해서는 4성제의 멸성제와 연관된다. 열반이란 '니르바나 nirvāṇa'의 음역으로, 글자 그대로는 소멸을 의미한다. 그것은 '불어서 끄다'라는 뜻을 가진 어근 'vā'에다 부정 접두사 'nir'가 결합되어 이루어진 말로서 '불어서 꺼진 상태'를 뜻한다. 즉 '불타고 있는 것과 같은 괴로움(苦)이 완전히 소멸된 상태'를 의미한다. 그래서 초기경전에서는 열반을 "탐욕의 사라짐, 분노의 사라짐, 어리석음의 사라짐, 이것을 이름하여 열반이라 한다."라고 설명하고 있다. 인생에서 괴로움을 일으키는 요소들인 탐욕심, 분노심, 어리석음(삼독三毒)이 모두 소멸되었을 때 인생은 더 이상 괴로운 것이 아니다. 이와 같은 열반의 상태는 '고요하고 괴로움이 없이 편안한 것'임에 틀림없다. 이것을 '샨티śānti', 즉 '적정寂靜'이라고 표현한 것이다.

열반의 이와 같은 상태를 경전에서는 "마치 마른 나뭇단을 많이 넣고 매우 뜨겁게 달군 큰 가마에서 불타고 있던 사람이 천신만고 끝에 거기에서 벗어나 시원한 장소로 도망쳐 나왔을 때, 그가 느끼는 최상의 안락과 같은 것"이라고 비유로 설명하고 있다. 경전에서는 열반이란 말을 멸滅·적멸寂滅·멸도滅度·원적圓寂·불사不死·최상의 안락安樂·무위無爲·무작無作·무생無生 등 여러 가지 말로 번역하고 있다.

열반적정은 모든 번뇌의 속박에서 해탈하고, 진리를 궁구하여 미迷한 생사를 초월해서 불생불멸不生不滅의 법을 체득한 경지를 말한다. 이것을 현대적인 표현으로 하면 '최고의 행복'을 의미하는 것이라고 할 수 있다. 모든 고苦, 번뇌가 소멸된 상태는 바로 행복이기 때문이다. 열반은 불교에서 추구하는 궁극의 목표이자 최고의 이상이다. 불교의 모든 가르침은 결국 이 열반을 얻기 위한 것이다. 따라서 열반적정인은 불교의 이상관理想觀이라고 할 수 있다.

이것을 다시 정리한다면, 삼법인이라고 하는 것은 제행무상·제법무아·열반적정[1]인데, 이는 다른 것이 아니라 그대로 불교의 인연법을 설명한 내용이다. 무상無常과 무아無我, 적정寂靜은 그대로 인연의 원리이다. 이 삼법인이라고 하는 것은 한마디로 연기緣起를 뜻한다. 연기는 바로 무상론無常論이고 무아론無我論이다. 왜 현상이 덧없이 쉽게 바뀌고 변하느냐고 하면, 물(水)은 물대로 영원히 물이 아니라 물이 될 수 있는 인연이 모이면 물이 되었다가, 물이 없어질 수 있는

1 때론 열반적정 대신에 일체개고를 넣기도 하고, 일체개고와 열반적정을 다 넣어 사법인이라 하기도 한다.

인연이 조성되면 없어지기 때문에 물의 모습 그 자체는 실로 무상하지 않을 수가 없다.

그렇다면 무아론은 왜 무아론인가? 하나의 예를 들어 자동차를 살펴보더라도 자동차 그 자체가 자동차가 될 만한 어떤 불변不變의 실체가 있는 것이 아니고, 자동차가 될 수 있는 여러 가지 부속품과 거기에 기술과 또 휘발유라든지 기타 운전기사 등이 다 있어서 그 가운데 하나의 역할로 모여지면 자동차로서 기능을 발휘할 수 있다. 하지만 그런 하나하나 부품들이 다 떨어져 나가고 거기에 여러 가지 부품과 기름 같은 것이 들어 있지 않고 운전을 하는 사람이 없다면 그건 이미 자동차가 아닌 것이다. 사실상 자동차로서의 실질적인 주체는 존재하지 않는 것이다. 이런 것이 바로 무아론이다. 그러나 그 연기법은 어떤 현상이 나타나든지 안 나타나든지 간에 항상 연기의 진리는 그대로의 진리이다. 그것은 유와 무를 초월하고 무상과 무아를 초월해서 항상 그대로 존재하는 것이기 때문에 이것을 열반적정이라고 한다.

◆ 문제 풀어보기

1. 다음 중 불교의 진리인 법칙성과 거리가 먼 것은?

① 인과율 ② 인연의 법칙 ③ 상의 상관성 ④ 적취설

2. 십이연기설十二緣起說의 근본 의의로서 가장 적절한 것은?

① 인간은 사회적 동물이다.

② 자연현상에는 인과의 법칙이 분명하다.

③ 인간의 괴로움은 극복 가능한 것이다.

④ 모든 중생은 삼세 윤회한다.

3. 십이연기설에 대한 설명 중 가장 거리가 먼 것은?

① 십이연기를 관찰하는 방법에는 순관과 역관이 있다.

② 순관은 고苦의 발생을 설명하는 방법이다.

③ 역관의 과정을 유전연기라 한다.

④ 인간에게 죽음이 있게 되는 근본 원인을 무명에 두고 있다.

4. 연기설에 대한 설명으로 옳지 않은 것은?

① 인간과 우주의 어떤 궁극적인 제1원인을 인정하지 않는다.

② 연기설은 인도의 고대 사상에서 빌려온 개념이다.

③ '이것이 있으므로 저것이 있다'는 유전연기를 의미한다.

④ '이것이 없으므로 저것이 없다'는 환멸연기를 의미한다.

5. 다음은 제행무상諸行無常의 의의에 대한 설명이다. 옳지 않은 것은?

① 탐욕으로 이루어진 나와 세계의 무상함을 알게 되므로 진실한 종교심이 싹트게 된다.

② 무집착의 지혜를 배우게 된다.

③ 염세적 인생관을 확립시킨다.

④ 변화의 진리를 깨달음으로써 정진과 노력에의 의지를 북돋운다.

6. 삼법인三法印에 대한 설명 중 가장 거리가 먼 것은?

① 삼법인 가운데 제법무아諸法無我 대신에 열반적정涅槃寂靜을 넣기도 한다.

② 제행무상諸行無常은 세상의 모든 것이 변한다는 뜻이다.

③ 삼법인이란 세 가지 진실한 가르침이란 뜻이다.

④ 제법무아는 모든 변하는 것에 자아自我라는 실체가 없다는 뜻이다.

7. 다음은 여러 경전에서 언급되고 있는 연기설에 대한 유명한 구절이다. 다음의 (　) 속에 들어갈 말을 쓰시오.

> 이것이 있으므로 저것이 있고, 이것이 (①)하므로 저것이 (①)한다.
> 이것이 없어지므로 저것이 없고, 이것이 (②)하므로 저것이 (②)한다.

①　　　　②

8. '나(我)'에 대한 올바른 불교의 입장이라고 할 수 없는 것은?

① 나를 부정하므로 윤회의 주체가 있을 수 없기 때문에 결국 윤회를 부정한다.

② 불교에서는 다섯 무더기(五蘊)으로 이루어진 임시적인 '나', 즉 '가아假我'가 설해진다.

③ 대승불교에서는 인무아人無我[2]와 법무아法無我[3]를 설하고 있다.

④ 나에 대한 집착을 경계한다.

9. 불교에서 법法이란 말은 대단히 중요한 의미를 기지고 있다. 법에 대한 설명이라고 할 수 없는 것은?

① 법은 그 전체가 석가모니 부처님이 발견하고, 깨닫고, 선포한 해탈의 가르침이다.

② 근본불교에서는 법을 법칙·정당, 교설敎說, 진실·최고실재, 경험적 사물로 분류하고 있다.

③ 법은 인생과 우주의 근본적인 사실에 대해 다루고 있지 못한 단점이 있다.

④ 법에는 모습 없는 진리 그 자체와 모습 있는 법인 경전이 포함된다.

---

2 오온五蘊이 한 방편으로 화합하여 된 인간 존재에는 참다운 본체인 실아實我가 없다는 말.

3 모든 법인 만유萬有는 인연이 모여 생긴 일시적인 존재이므로 참다운 본체가 없음을 이르는 말.

10. 다음은 우주의 대원리인 연기법에 대한 설명이다. 옳지 않은 설명은?

① 부처님께서 이 세상은 연기법에 의해 일어나고 유지되고 무너진다는 이치를 깨달으셨다.

② 연기법은 원인과 결과의 법이라는 뜻으로, 불교란 환멸연기를 유전연기로 바꿔가는 체계라고 말할 수 있다.

③ 연기라는 말은 '인연이 있어서 일어남'이라는 뜻으로, 쉽게 말하면 원인이 있기 때문에 결과가 있다는 것이다.

④ 원인이 없으면 결과도 없고, 원인을 없애면 결과 또한 없앨 수 있다는 말이다.

11. 불교에서 법法의 쓰임새를 설명한 것으로 가장 거리가 먼 것은?

① 부처님이 깨달으신 진리와 가르치신 교법教法

② 연기緣起에 의해 성립된 세상의 모든 존재

③ 사회질서 유지를 위한 법률

④ 불교의 팔만사천법문

12. 다음은 십이연기설의 각 지支에 대한 설명이다. 가장 거리가 먼 것은?

① 명색: 요별이라고 설명하며, 인식작용을 말한다.

② 노사: 중생이 가진 일체의 모든 고통을 나타내는 것으로, 현실이 괴로운 생존임을 단적으로 보여준다.

③ 취: 잘못된 집착이란 뜻으로, 일으킨 탐애심貪愛心으로써 자신의

것으로 하려는 것을 말한다.

④ 수: 대상을 받아들이는 것으로, 고수苦受·낙수樂受·사수捨受가 있다.

13. 십이연기의 가르침과 거리가 먼 것은?

① 십이연기를 관찰하는 방법으로는 유전연기법과 무전연기법이 있다.

② 삶과 죽음을 거듭하며 업業에 따라 윤회하는 근본원인을 밝게 깨닫지 못한 것에 두고 있다.

③ 중생의 괴로움은 모두 원인이 있으므로 이를 제거하면 극복할 수 있음을 보여준다.

④ 부처님께서 처음 설하신 불교만의 독특한 교리이다.

14. 불교의 핵심 사상이 연기법의 실상을 잘 설명해 주고 있는 것으로서 진리라고 인증하는 이 진리는 부처님께서 발견하셨으므로 부처님의 교법敎法이라 하며, 불교를 다른 종교나 사상과 구별하는 기준이라 할 수 있다. 이것을 삼법인三法印이라고 하는데, 다음 중 삼법인에 대한 설명으로 틀린 것은?

① 일체의 삼라만상이 끊임없이 변해 가며 모든 것이 무상하다고 가르친 것은 참다운 삶, 가치 있는 삶을 얻게 하기 위한 실천적 의미가 담겨 있다.

② 모든 것은 변화하면서 팽팽한 갈등과 충돌의 불안정한 상태이다. 이러한 상태가 몸과 마음에서 지속될 때 이것을 고통이라고 한다.

③ 시간이 흐르면서 이 모습, 이 세포는 그대로 있지 않고 끊임없이

'나의 모습'은 변한다. 내 느낌, 생각, 가치관 등에서 '나'라는 실체를 찾아낼 수 없다.

④ 모든 중생이 생사의 괴로움을 알지 못하고 미혹을 일으키고 업業을 지어 삼계三界에 유전(流轉: 돌고 돎)한다. 이 때문에 부처님께서는 중생은 생사의 괴로움을 벗어날 수 없음을 타이르시는 열반의 법을 설하셨다.

15. 불교에서는 우주는 생성과 전개의 과정을 거친다고 한다. 다음 그 순서를 바르게 연결한 것은?

① 주겁住劫 — 괴겁壞劫 — 성겁成劫 — 공겁空劫
② 성겁成劫 — 괴겁壞劫 — 공겁空劫 — 주겁住劫
③ 성겁成劫 — 주겁住劫 — 괴겁壞劫 — 공겁空劫
④ 주겁住劫 — 성겁成劫 — 공겁空劫 — 괴겁壞劫

16. 연기법에 대한 설명으로 틀린 것은?

① 모든 것은 원인으로부터 생겨나며 원인이 사라지면 소멸한다.
② 인과법, 인연법, 연생연멸의 법칙이라고 불린다.
③ 부처님이 세상에 나오든 나오지 않든 진리로서 변함이 없다.
④ 연기를 보는 자는 법을 보지만 부처님을 보지는 못한다.

17. 다음 연기緣起에 대한 설명 중 잘못된 것은?

① 부처님께서 깨달은 진리의 내용은 연기이다.
② 연기법은 어떠한 이유에서 우리의 고통과 불행이 생겨나고, 어떻게

하면 그것을 극복할 수 있는가를 제시하고 있다.

③ 연기법은 모든 것은 독자적으로 존재하지 않고 관계 속에서 존재한다는 진리이다.

④ 연기의 법칙은 석가모니 부처님께서 만드신 것이다.

18. 연기의 법칙을 생활 속에서 실천한 사례라고 볼 수 없는 것은?

① 분별심과 집착을 놓아버린 자유로운 생활을 한다.

② 일상의 삶에서 남을 존중하고 공경하는 생활을 한다.

③ 인간과 자연의 공존 속에서도 인간 중심적인 생활을 한다.

④ 더불어 살아가는 공존의 기쁜 삶을 위해 정진하는 생활을 한다.

19. 다음은 연기의 법칙을 생활 속에서 실천한 사례들이다. 거리가 먼 것은?

① 부모님을 부처님 모시듯 항상 공경하고 감사하며 생활한다.

② 자연을 정복하려는 태도를 버리고 환경 친화적인 삶을 살아간다.

③ 아름답다, 추하다 등의 분별심을 버리고 모든 대상을 평등하게 대한다.

④ 인간의 쾌락과 행복을 위해 자연환경을 지속적으로 개발한다.

20. 다음 중 생활 속의 연기법 수행과 거리가 먼 것은?

① 공경과 감사의 생활

② 기쁨 가득한 공존의 생활

③ 분별과 집착을 떠난 자유로운 생활

④ 모든 것을 잊고 내면의 침묵에 잠기는 생활

21. 다음 ( ) 속에 들어갈 말이 아닌 것은?

> 법은 그 전체가 붓다가 발견하고, 깨닫고, 선포한 해탈의 가르침으로, 곧 붓다가 깨달으신 진리(㉠)와 가르치신 교법敎法을 말한다. 법은 (㉡)에 대해 다루고 있는 것으로 마음의 정화와 통찰의 지혜를 향한 (㉢)을 통해서 획득되는 자유이다.

① ㉠ 연기에 의해 성립된 세상의 모든 존재

② ㉡ 인생과 우주의 근본적인 사실

③ ㉢ 인간 자신의 노력

④ ㉢ 신의 축복

〈생각해 봅시다〉

1. 불교에서 말하는 법(dharma)의 핵심과 사회에서 일반적으로 말하는 법은 어떤 차이가 있을까?
2. 불교의 핵심인 십이연기법은 무엇일까?
3. 불교의 삼법인을 우리 자신의 생활과 어떻게 연관시켜서 설명할 수 있을까?

• 제4강 •

성스러운 삶에 이르는 4가지 진리

- 사성제와 팔정도

1. 사성제: 성스러운 네 가지 진리

사성제(四聖諦, Āryasatya)는 부처님께서 최초 녹야원에서 설법하실 때 언급하신 내용으로 불교의 모든 교의敎義를 포괄하고 있는 전체적인 가르침이다. 그것은 괴로움에 대한 진리의 내용인 고성제, 괴로움이 일어나는 원인에 대한 집성제, 괴로움이 소멸된 경지에 대한 내용인 멸성제, 괴로움의 소멸에 이르는 길로서의 도성제를 말한다. 『대장일람집』 제3권에는 사성제를 다음과 같이 설명하고 있다.

> 4제諦에서 고성제苦聖諦는 세간의 과果의 모습이다. 집성제集聖諦는 세간의 인因의 모습이다. 멸성제滅聖諦는 출세간의 과의 모습이다. 도성제道聖諦는 출세간의 인의 모습이다.

사성제四聖諦라고 할 때의 제諦는 범어 Satya로서 진리를 의미한다. 여기에 대해 『대법거다라니경』 제5권의 「사성제품」에서 부처님은 다음과 같이 말씀하고 있다.

이른바 제諦라 함은 진실함(實)을 이르는 것이니, 진실함이란 일체一體를 이르는 것이다. 성聖이란 방편을 말하는 것이니, 방편으로 증득하여 알기 때문에 성제聖諦라고 한다. 범천아, 이른바 진실하다 함은 이치에 수순한다는 것이다. 유루의 법(有漏法)을 일심으로 싫어하고 여의어서 생사生死를 받지 않는 것이니, 이것을 버린다(捨)고 하고 번뇌가 다한다(漏盡)고 하며 필경畢竟이라 하느니라. 필경에는 버리기 때문에 그 진실함(實) 안에 머무르며, 일체를 버리기 때문에 진실이라 한다.

이른바 성제聖諦는 곧 오음五陰이니, 오음이 바로 괴로움의 인연(苦因緣)인 줄 반드시 알아야 한다. 그러므로 오음을 원적怨賊이라고 한다. 온갖 성인들은 사실대로 관하여 알기 때문에 능히 버리는 것이요, 이런 이치 때문에 고성제라 하는 것이다. 그러므로 세존은 이 오음이 뭇 괴로움의 근본(本)이라고 말하고 원수(怨家)라고 하며 또한 속이는 것이라고도 하나니, 성인은 관찰하여 사실대로 알기 때문에 성제라고 하느니라.

사성제는 네 가지 성스러운 진리라는 뜻으로, 그 첫 번째가 고성제苦聖諦이다. 고성제는 팔고八苦와 고해苦海로 대표되는 인생의 모든 고통은 틀림없는 진리라는 것이다. 고는 인생에 있어 피할 수 없는 존재의 아픔이기에 고통의 진리라 한다. 『불본행집경』 34권에서 부처님은 고성제를 다음과 같이 설하고 계신다.

어떤 모습을 고성제라고 부르는가. 이른바 태어남의 괴로움·늙음의 괴로움·병듦의 괴로움·죽음을 근심하고 슬퍼하는 괴로움·사랑하는 이와 이별하는 괴로움·미워하는 이와 만나는 괴로움·구하여도 얻지 못하는 괴로움이니, 이 모든 괴로움을 고성제라 한다.

불교에서 언급하고 있는 8가지 고통(八苦)이란, 몸으로는 태어나는 괴로움(生), 늙는 괴로움(老), 병드는 괴로움(病), 죽는 괴로움(死)이 있다. 그리고 마음으로는 사랑하지만 헤어져야 하는 괴로움(愛別離苦), 싫지만 만나야 하는 괴로움(怨憎會苦), 구하지만 얻지 못하는 괴로움(求不得苦), 얻지만 쉽게 무너지는 괴로움(五陰盛苦)이 있는데, 이를 팔고八苦라 한다. 이것을 좀 더 부연하면, 8가지 고통(苦)은 구체적으로 다음과 같이 설명된다.

①생고生苦: 노老, 병病, 사死의 전제조건으로써의 괴로움, 출생이나 살아감의 아픔.

②노고老苦: 늙어감으로써 야기되는 괴로움.

③병고病苦: 병듦으로써 야기되는 괴로움.

④사고死苦: 죽어감으로써 야기되는 괴로움.

⑤애별리고愛別離苦: 사랑하고 좋아하는 것과 헤어짐으로써 야기되는 괴로움.

⑥원증회고怨憎會苦: 증오하고 싫어하는 것과 만나게 됨으로써 야

기되는 괴로움

⑦구부득고求不得苦: 구하여도 얻지 못함으로써 야기되는 괴로움.

⑧오음성고五陰盛苦: 오온五蘊에 대해 자아라고 집착함(五取蘊)으로써 야기되는 괴로움. 이는 일종의 자기 집착이라는 점에서 모든 괴로움의 대표이다. 자기(집단, 민족, 국가) 중심주의로 인한 인간파괴. 인간 중심주의로 인한 자연파괴 등이다. 여기서 오온(五蘊, 五陰)은 색(色: 육체), 수(受: 감각), 상(想: 표상, 지각), 행(行: 의지, 행위), 식(識: 의식, 분별, 판단)이다. 성盛은 '담다', '넘치다'의 의미로 집착하는 것을 뜻한다. 여기에 연관된 다음과 같은 내용이 『대보적경』에 설해져 있다.

세상에 열 가지 핍박하는 괴로운 일이 있나니, 이른바 나는 괴로움(生苦)·늙는 괴로움(老苦)·병드는 괴로움(病苦)·죽는 괴로움(死苦)·근심의 괴로움(愁苦)·원한의 괴로움(怨苦)·괴로움의 느낌(苦受)·걱정의 느낌(憂受)·아픔에 시달림(痛惱)·나고 죽음(生死)이다. 이러한 열 가지 핍박하는 괴로운 일이 일체 중생을 핍박한다.

두 가지의 괴로움이 있는데, 첫째는 내고內苦다. 이것은 우리의 몸과 마음으로부터 일어나는 괴로움으로 팔고八苦와 몸의 괴로움(身苦)인 생로병사의 사고四苦, 그리고 마음의 괴로움(心苦)인 탐貪·진瞋·치痴의 삼독三毒이 바로 내고內苦이다. 두 번째의 외고外苦는 통치자, 자기보다 뛰어난 자, 악한, 도적 등으로부터 피해를 받아 일어나는 괴로움이다. 여기서 대두되는 것은 사회정의 문제로 사회윤리의 가능성, 모든 중생의 고통을 해소 경감시키기 위한 자비慈悲의 실천이 중요하다. 추위·더위·폭풍우·천둥번개 등으로부터 피해를 받아 일어나는 괴로움은 자연환경으로부터 오는 괴로움이다. 재해의 문제는 환경윤리의 가능성이 충돌했을 때 일어나는 고통이다. 환경위기의 원인은 결국 인간과 자연의 분리와 지배, 그리고 연기緣起와 상호의존성의 회복이 가장 중요하다.

또 괴로움에는 3가지 성질(三性)이 있다. 첫째는 고고성苦苦性이다. 이것은 중생의 삶은 고통스럽기 때문에 괴로움이라는 것이다. 즉 인간의 감각적 괴로움이다. 둘째는 행고성行苦性이다. 이것은 본질적으로는 오온五蘊으로 형성되어 있는 것을 '나'라거나, '내 것'으로 취착하기 때문에 오는 고통이다. 이것을 오취온五取蘊의 괴로움이라 한다. 이것은 개체를 지속하기 위해 노력하는 행온行蘊의 괴로움이다. 셋째는 괴고성壞苦性이다. 아무리 큰 행복일지라도 끝내 변하고 말기 때문에 오는 괴로움이다. 죽음의 괴로움이 여기에 속한다.

보통 진리라고 하면 무언가 좀 더 엄숙하고 무게 있는 것이어야 한다고 생각하기 쉽다. 그러나 최고의 진실은 화려하지 않고 최고의 말은 꾸밈이 없는 말이듯이, 참된 진리라면 그 누구에게도 예외 없이 적용되어야 하는 것이다. '일체는 다 고통이다(一切皆苦)'라는 삼법인의 전제는 타당한 것이다. 왜냐하면 '모든 것은 다 고통이다'는 것은 지구상의 모든 성별과 환경 등에 의해서 달라지는 것이 아닌 생명 있는 모두에게 다 해당되는 것이기 때문이다. 그러나 이러한 일체개고一切皆苦는 비관적이거나 염세적인 관점이 아니다. 혹자는 '일체는 다 고통이다'는 것을 비관적이고 염세적인 관념으로 이해하는 경우도 있다. 그러나 불교에서 모든 것을 다 고통으로 보는 것은 결코 염세적인 관점이 아니라, 오히려 이것이 삶의 진실이자 실상이라고 설하고 있다. 기쁨도 슬픔도 영원하지 않는 일시적인 것이기 때문이다. 여기서의 핵심은 우리 중생들의 모든 생활이 고통 위에서 이루어지고 있다는 것을 스스로 알고 직시함으로써 그 고통에서 벗어날 수 있는 길을 궁구하게 된다는 것이다.

두 번째로 집성제集聖諦[1]는 고통의 원인은 집착심에 있다는 것으로 미혹한 생존을 일으키고자 하는 갈애[2], 감각적인 즐거움을 위한 욕망, 생존이 영원히 계속되기를 바라는 욕망 등이다. 또한 무지이며, 무지를 근거로 하여 활동을 일으키는 모든 것에는 자연적으로 고통이 일어나게 된다는 진리이다. 다시 말해 집성제란 인생이 고가 되는 원인이 무엇인가를 규명하는 진리이다. 괴로움은 바로 욕망에서 생긴다. 마치 아프다는 증세를 느끼고 병원에 가서 진찰해 본 결과 간경화라는 진단을 받고, 술이 그 원인임을 아는 것과도 같다.

1 집의 의미는 '함께 올라감', '결합하여 상승함', '결합하여 일어남'의 '집기集起, 발생發生'의 뜻으로서, 고苦의 이유근거理由根據 혹은 원인原因을 말한다. 즉 여러 조건들이 결합하여 (괴로움이라는 현상이) 일어남의 뜻하며, 여기에 대한 대표적인 일례로서 십이연기가 있다. 12연기는 현실세계 고통의 원인의 발생과정(중생세계의 윤회과정)과 고통의 소멸과정(고통이 사라진 佛의 세계)을 밝힌 것이다. 생사의 괴로움은 무명無明과 애욕愛欲에서 연기한다고 보는 것이 집성제이다.

2 갈애渴愛: 환희와 탐욕이 함께하며 여기저기서 즐기는 것. 이것의 종류로는 욕애, 유애, 무유애가 있다. ① 욕애: 감각적 욕망에 대한 갈애-5가닥의 감각적 욕망(눈, 귀, 코, 혀, 몸). ② 유애有愛: 존재에 대한 갈애-색계·무색계에 대한 갈애, 상견常見. ③ 무유애無有愛: 존재하지 않음에 대한 갈애, 단견斷見.

어떤 것을 이름하여 고집성제苦集聖諦라 하는가. 이른바 이 애욕이 자꾸만 마음을 움직이고 애욕의 일을 생각하며 처처마다 생각함이니, 이것을 고집성제라고 한다. (『불본행집경』)

경전 『대법거다라니경』에서는 집성제에 대해서 이렇게 설명하고 있다.

이른바 집성제集聖諦 가운데서 무엇이 집集인가? 이른바 무명無明이 가득 찬 것〔滿足〕이니, 저 많은 음〔多陰〕을 취하면서 이와 같은 색의 성품〔色性〕을 두루 성취하기 때문에 집集이라 한다. 또 다시 무엇 때문에 집이라고 하는가? 욕심〔欲〕이 근본이 되어 행을 짓는 업을 내고 그 업이 가득 차기 때문에 집이라 한다. 또한 어떤 것을 집이라 하는가? 그 짓는 바의 행은 더함도 없고 덜함도 없으면서 지은 바 그대로이기 때문에 집성제라 한다.

세 번째로 멸성제滅聖諦[3]는 마음속에 있는 모든 번뇌가 멸하여 애정

---

3 멸(滅: 괴로움의 소멸 상태): nirodha=ni(완료, 소멸)+rundhati(저지하다, 감추다)·완전히 저지되어 흔적을 감춤-정지, 소멸-滅盡(완전히 사라짐). 멸滅의 동의어=니르바나(nibbāna, nirvāṇa: 불이 꺼짐)≠반의어=삼무다야(samudaya: 集起, 발생). 괴로움의 정지·소멸 - 괴로움이 완전히 사라지기 위해서는 괴로움이 근본적으로, 즉 원인에서부터 해체되어야 한다. (괴로움의 근원인) 무명無明, 즉 무지無知의 제거=명明(知) 무명의 제거-십이연기의 역관逆觀, 즉 무명無明이 멸하므로 행行이 멸하고 …… 노사 등이 멸한다. 무명과 갈애(渴愛, 愛)와 집착(執着, 取)의 소멸, 벗어남 - 해탈解脫. 탐貪·진瞋·치痴 삼독三毒의 소멸=누진멸漏盡滅, 무루無漏.

이나 욕망, 갈애에 물들지 않고 활동하는 '마음의 자유로운 상태'이며, '마음이 어떤 사물에 집착하지 않는 상태'로 한없이 깨끗하고 청명한 경지이다. 곧 자아에 대한 집착의 사라짐, 이기심의 소멸, 탐욕이나 성냄·미혹이 적멸寂滅됨을 말한다.

> 어떤 것을 이름하여 고멸성제苦滅聖諦라 하는가. 이른바 그 애욕을 멀리 떠나고 버려서 완전히 다 없애어 남김이 없게 하면 마음과 마음의 생각이 온전히 고요해지니, 이것을 고멸성제라고 한다. (『불본행집경』)

다시 말해 멸성제滅聖諦란 고통의 원인이 사라지면 그 결과로 받게 되는 고苦도 없어진다는 진리이다. 즉 우리가 욕망에서 벗어났을 때 고통이 사라지고 열반에 이르게 된다는 것이다. 마치 병의 원인을 알았기 때문에 치료하면 나을 수 있다는 확신을 가지는 것과 같다.

네 번째로 도성제道聖諦[4]는 멸성제를 이루는 방법에 대한 것으로 팔정도 등 수많은 불교의 모든 수행이 여기에 포함된다. 이 도성제의 실천에 의해 열반이 구현된다.

학學: 배움은 훈련함이고 곧 닦음이다. 계戒·정定·혜慧의 삼학三學=닦음의 차원(修道). ∵각覺=견見+학學=견도見道+수도修道=지혜智慧+자비慈悲. 각覺으로 인도하는 길=팔정도八正道.

4 도道의 의미: 올바르고 성스러운 길(正道), 괴로움의 소멸로 인도하는 길(苦滅導道), 깨달음으로 인도하는 길. 각覺의 구성=견見+학學. 견見: 사람이 눈으로 보는 것, 발견해 아는 것, 실상實相을 발견해 아는 것. 여실지견(如實智見: 있는 그대로 보는 지혜, 법法에 따라 보는 지혜)=앎의 차원(見道)

> 어떤 것을 이름하여 득도성제得道聖諦라 하는가. 팔정도(八正聖路)를 얻는 것이니, 이른바 정견·정분별·정어·정업·정명·정정진·정념·정정이니, 이것을 일러서 괴로움을 멸하는 득도성제라고 한다. (『불본행집경』)

다시 말해 도성제란 멸성제에 이르기 위한 실천방법이다. 이제 고통의 원인도 그 원인만 제거하면 열반의 세계에 이를 수 있다는 것도 알게 되었다. 따라서 원인 제거를 위한 실천방안을 제시한 것이다. 도성제는 바로 그러한 구체적인 방법으로 여덟 가지 길(八正道)을 제시하고 있다. 『불본행집경』 제34권에서는 다음과 같이 설하고 있다.

> 너희들은 알아야 한다. 나는 이렇게 두 극단을 버렸으므로 중도中道가 있어서 내 스스로 증득해 알았다고 말하는 것이니, 눈을 열기 위하여 지혜를 내기 위하여 적정寂定을 위하여 모든 신통을 위하여 깨쳐 알기 위하여 사문을 위하고 열반을 위한 까닭에 이를 성취하였다. 너희 비구들이 만약 알고자 한다면 중도로 나가야 하니, 내가 증득한 것과 같이 눈을 열고 지혜를 내기 위하여 적정 내지 열반과 팔정도를 위한 까닭이니, 이른바 정견正見·정분별正分別·정어正語·정업正業·정명正命·정정진正精進·정념正念·정정正定을 위하는 까닭이다. 너희 비구들이여, 이것이 바로 중도이니 내 이미 증득해 안 것이다. 눈을 열기 위하여 지혜를 내기 위하여 적정을 위하여 모든 신통을 내기 위하여 깨쳐 알기 위하여 사문을 위하여 열반을 위하여 마땅히 성취해야만 한다.

여기서 팔정도가 곧 중도中道인 것을 알 수 있다. 그리고 팔정도 중에서 2번째 덕목인 정사유正思惟를 올바른 분별(正分別)이라고 설명하고 있다는 것이 주목된다.

고집멸도苦集滅道의 사성제는 현실계와 이상계[5]에 대한 가르침으로 불교의 모든 교설이 여기에서 제외되는 것이 없다. 곧 고성제는 현실계의 실상을 나타낸 말이며, 집성제는 현실계의 원인에 대한 설명, 멸성제는 이상세계의 모습에 대한 언급이고, 도성제는 이상세계로 가는 방법을 설한 내용이다. 부처님께서는 깨달으신 직후 우리의 인생문제와 그 해법을 이와 같이 간단명료하게 가르쳐 주셨다. 『불설의유경』에는 사성제를 다음과 같이 비유로 설명하고 있다.

> 이 세상에 좋은 의사로서 병을 알고 약을 알아 네 가지를 완전히 갖추면 의사의 왕이라는 이름을 얻는다. 네 가지란 무엇인가? 첫째는 이 병은 어떤 병인데 어떤 약을 써야 한다고 아는 것이요, 둘째는 병이 날 것을 알고 그것에 따라 약을 쓰는 것이며, 셋째는 이미 생긴 병을 다스려 그 병을 낫게 하는 것이요, 넷째는 병의 근본을 제거하여 다시 나지 않게 하는 것이다.
>
> 첫 번째의 어떤 병인 줄을 알고 어떤 약을 써야 한다는 것을 안다는 것은 어떤 것인가? 그것은 먼저 그 병의 증상이 어떠한가를 알고, 어떤 약을 쓰면 치료할 수 있다는 것을 알아, 그를 편안하게 하는 것이다. 두 번째의 그 병이 날 것을 알고 그것에 따라 약을 쓴다는 것은 어떤 것인가? 그것은 그 병이 바람에서 일어났는가? 혹은

5 현상계와 본체계, 중생계와 불타계.

황달이나 담痰이나 심장병이나 골절骨節에서 일어났는가? 혹은 체한 데서 일어났는가를 알고, 그런 병의 일어난 곳을 알아, 그에 따라 약을 쓰고 치료하여 그를 편안하게 하는 것이다. 세 번째의 이미 생긴 병을 치료하여 그 병을 낫게 한다는 것은 어떤 것인가? 그것은 그 병이 눈으로 나갈 것인가, 코로 나갈 것인가를 알고 따로따로 치료하여 나가게 하며, 혹은 연기를 피운 물을 코에 부어 나가게 하고, 혹은 콧구멍으로 기운을 마셔 나가게 하며, 혹은 토하고 사하여 나가게 하고, 혹은 온몸에 땀을 내어 나가게 하며, 나아가 몸의 위아래 적당한 곳을 따라 나가게 한다. 이와 같이 그 병의 나갈 만한 곳을 알고는 약을 잘 써서 치료하여 그를 편안하게 한다. 네 번째의 병의 근본을 끊어 다시 나지 않게 한다는 것은 어떤 것인가? 그것은 그 병의 근본을 알되 '이런 증상은 이렇게 고쳐야 한다'는 것을 알고는, 부지런하고 용맹스럽게 그 법을 감행하여 잘 끊어버리고 그 병이 다시는 나지 않게 하여 그를 편안하게 하는 것이니, 이런 것이 이른바 '병을 알고 약을 아는 네 가지'라는 것이다.

위의 내용은 사성제를 양의良醫에 비유한 설명이다. 마치 어진 의사가 병에 따라 약을 주어 병자를 낫게 하듯이, 부처님이 중생의 근기에 따라 알맞은 교법을 설하며 고통을 없애고 편안하게 해주기 때문에 부처님을 대의왕大醫王에 비유한 설명이다.

따라서 이러한 사성제 교리가 현대의학의 치료법과 거의 일치하고 있는 것은 불교가 현대적이라기보다, 오히려 부처님의 가르침이 시공

時空을 초월한 진리임을 입증하는 과학적인 가르침이라는 것을 말해준다고 하겠다. 이상에서 말한 내용을 요약하면 다음과 같다.

〈표 3〉 사성제의 의미

사성제	의미
고성제	취착이 없는 심신 환경이 고통에 관한 성스러운 진리, 즉 이 세상이 괴로움이라는 것.
집성제	고통이 생기는 원인에 관한 성스러운 진리, 열애·욕구(갈애), 즉 괴로움이 생겨나게 되는 원인.
멸성제	갈애(욕구)를 남김없이 벗어나서 멸하고 버리며 이탈하여 무집착이 되는 것, 즉 괴로움을 소멸한 해탈.
도성제	팔정도, 고통의 멸에 이르는 도道에 관한 성스러운 진리. 즉 괴로움의 소멸을 달성하기 위한 실천수행인 팔정도.

〈표 4〉 사성제와 연기의 관계

고성제	자각自覺 없는 고뇌의 현실세계	결과(果)	유전인연流轉因緣
집성제	현실세계의 원인, 이유	원인(因)	
멸성제	자각 있는 이상세계理想世界	결과(果)	환멸인연還滅因緣
도성제	이상세계의 원인, 이유	원인(因)	

〈표 5〉 사성제의 현실적용 사례

사성제	의미	처방
고苦	중생의 현실의 상태	병상病狀의 진단
집集	현실 고苦의 원인	병인病因의 발견
멸滅	자각自覺 있는 이상세계	이상理想의 건강체健康體
도道	이상理想에의 수단방법	치병治病의 방법과 양생법養生法

불교교리의 골격이며 모든 교리의 근본사상으로서의 사성제는 불교의 4가지 성스러운 진리라는 말이다. 사성제四聖諦에서 '제諦'란 진실, 깨달음을 말하며 '제'라고 발음한다. 여기에 대해 경전에서는 "올바르게 생각하는 순서이기 때문에 4제에서는 앞의 것이 과果이고, 뒤의 것이 인因이다."라고 『사제론』 제1권에서 말하고 있다. 즉 '사성제'는 현실의 관찰에 대한 결과와 그 원인, 이상세계의 결과(滅)와 그에 이르는 방법(道)을 말한 것이다. 즉 올바르게 생각하는 순서이기 때문에 4제에서는 앞의 것(苦)이 과果이고, 뒤의 것(集)이 인因이다. 결과로서는 인간과 모든 존재의 현실을 고통으로 보고 있다. 따라서 집성제란 십이연기의 순관인 유전연기의 내용을 말하는 것이다.

다시 말해 부처님께서 성도 후 녹야원에서 최초로 5비구에게 설법한 내용도 바로 사성제라고 한다. 이 '사성제'는 현실의 관찰에 대한 결과(고)와 그 원인(집), 이상세계의 결과(멸)와 그에 이르는 방법(도)을 말한 것이며, 인간과 모든 존재의 현실을 고통으로 보고 있다. 집성제란 십이연기의 내용을 말한 것이다. 『잡아함경』의 「전법륜경」에는 "4가지 성제가 있으니 괴로움(苦), 괴로움의 모임(集), 괴로움의 소멸(滅)에 이르는 도道의 4가지 성제가 바로 그것이다."라고 하였다.

2. 도성제의 여덟 가지 실천방법(팔정도): 팔정도는 무엇이며, 사성제와의 관계성은?

사성제와 팔정도八正道는 모두 부처님의 초기설법으로 알려져 있다. 사성제가 우리 인간들의 삶이 갖고 있는 가장 근본적인 문제를 진단한 것이라면, 팔정도는 그 진단에 대한 처방과 해결책을 제시한 것이라고 할 수 있다. 즉 팔정도란 깨달음에 이르는 여덟 가지의 올바른 길이라는 의미다. 여기에 대해 용수보살은 『권발제왕요게』에서 팔정도를 이렇게 노래하고 있다.

> 정견·정사유·정어·정업·정명·정념·정정진(正方便) 및 정정(正三摩提)의 팔정도(八分聖賢道)를 적멸하려면 닦아 익혀야 하네.[6]

또 『보살영락본업경』에서는 팔정도 수행을 다음과 같이 정의하고 있다.

> 불자여, 일체 중생을 교화하기 위해서는 팔정도八正道를 닦아야 한다. 이른바 스승을 따라서 지혜가 생기게 함을 정지견正知見이라 하고, 법을 얻어 사思가 생기게 하는 것을 정사유正思惟라고 하며, 책려하여 싫증내거나 게을리 하지 않음을 정정진正精進이라 하고, 출가하여 도를 받고 삼도三道의 분分을 얻음을 정어正語·정업正業·정명正命이라고 하며, 법성法性의 공에 들어감을 정정正定·정혜正慧라고 하나니, 남이 없고 둘이 없는(無生無二) 데서 일합상一合相을 관하기 때문이다.

첫 번째 지혜가 생기는 정지견正知見은 바르게 보기, 또는 바른

---

6 龍樹菩薩撰, 僧伽跋摩譯, 『勸發諸王要偈』 第1卷(T32), "正見正思惟 正語正業命 正念正方便 及正三摩提 八分聖賢道 寂滅當修習."

이해와 견해를 말한다. 그리고 정지견은 팔정도에서 가장 중요한 실천 덕목이다. 왜냐하면 정사유正思惟 이하 나머지는 어떻게 하면 정견에 이를 수 있는가 하는 구체적인 방법이기 때문이다. '바르게 본다(正見)'는 것은 어떻게 보는 것일까? 한마디로 표현하면 '있는 그대로 보는 것' 또는 '편견 없는 마음으로 보고 이해하고 판단하는 것'을 말한다. 혹시 우리는 사물의 존재를 있는 그대로 보지 않고 자기 중심적이거나 주변 환경에 따라 편견과 차별하는 마음으로 왜곡되게 보고 있지는 않은지 점검해봐야 한다.

정사유正思惟는 바르게 생각하는 것이다. 정어正語는 바른 언어, 정업正業은 바른 행동, 정명正命은 바른 직업, 정정진正精進은 바른 노력, 정념正念은 바른 기억, 정정正定은 바른 집중을 뜻한다. 이같이 불교교리는 현실적이고도 실제적이다. 또한 부처님께서는 어려운 언어를 사용하시거나 어려운 교리를 가르치시지도 않았다.

우리가 꼭 명심하여야 할 것은, 깨달음의 실천덕목으로 제시된 팔정도 가운데에 부처님 자신을 믿으라고(가령 정신正信 같은 것) 강조한 항목이 일체 없다는 사실이다. 즉 불교는 어떤 신에 대한 고백이나 믿음을 가짐으로써 인간이 처한 내면의 문제를 풀 수 있다고 말하지 않는다. 그 대신 인간이 처한 실존적 상황을 보다 정확히 판단하고 그것에 대처할 수 있는 확실한 해법을 제시해 주고 있을 뿐이다. 그만큼 불교는 관용성과 포용성을 지닌 종교이며, 인간의 이성理性을 중시하는 가르침임을 알 수 있다. 이상에서 말한 '팔정도八正道'를 다시 요약하면 다음과 같다.

팔정도는 불교가 추구하는 목적인 열반涅槃[7]을 증득하기 위한 8가지의 실천적인 수행방법을 말한다. 여기서 정正은 바로 중中과 같은 뜻이다. 따라서 팔정도는 곧 팔중도八中道라고도 할 수 있다. 삼학三學과 팔정도의 관계를 도시하면 아래와 같다.

〈표 6〉 삼학과 팔정도의 관계

삼학	팔정도	해석	설명
3. 혜慧 지혜 (prajña)	정사正思	바른 생각	생각할 바와 안할 바를 잘 분간하는 것. 번뇌나 성내는 일 등이 없는 것. 정사유正思惟라고도 한다.
	정견正見	바른 견해	사성제의 이치 등 법을 잘 관하는 것. 인생과 세계에 대한 올바른 견해를 정립하는 것이 중요하다.
1. 계戒 윤리 (śīla)	정어正語	바른 말	거짓말(妄語), 꾸미는 말(奇語), 이간하는 말(兩舌), 욕설(惡口)을 안 하는 것이다.
	정업正業	바른 행동	곧 불살생不殺生, 불투도不偸盜, 불사음不邪淫을 말한다.
	정명定命	바른 생활	정당한 직업을 가지고 의식주를 구하는 것을 말한다.
2. 정定	정정진	바른 노력	선善한 행동을 하기 위해 노력하는 것.

7 열반(涅槃, nirvāna)이란 불교에서 수행에 의해 진리를 체득하여 미혹과 집착을 끊고 일체의 속박에서 해탈한 최고의 경지를 말한다. 좀 더 자세히 말하면, 열반이란 산스크리트 '니르바나'의 음역인데, 니원泥洹·열반나涅槃那 등으로 음역하기도 하며 멸도滅度·적멸寂滅·원적圓寂 또는 무위無爲·부작不作·무생無生 등으로도 의역한다. nir(out)+(to blow)의 어원으로 해석되는 열반의 본뜻은 '불어서 끄는 것', '불어서 꺼진 상태'를 뜻하며, 마치 타고 있는 불을 바람이 불어와 꺼버리듯이 타오르는 번뇌의 불꽃을 지혜로 꺼서 일체의 번뇌·고뇌가 소멸된 상태를 가리킨다. 그때 비로소 적정寂靜한 최상의 안락安樂이 실현된다. 현대적인 의미로는 영원한 평안, 완전한 평화라고 할 수 있다.

선정 (samādhi)	正精進		방일하지 않고 물러섬이 없는 불퇴전의 용맹정진을 말한다. 불법을 위해 목숨을 버리는 위법망구爲法忘軀의 정신이다.
	정념正念	바른 기억	생각할 바에 따라 잊지 않는 것이다.
	정정正定	바른 집중	조금도 마음에 동요가 없는 일심삼매一心三昧를 말한다.

삼학三學은 범어로 tisraḥ śikkhā라고 하는데, 불교공부를 하는 사람이 반드시 닦아야 할 계戒·정定·혜慧 3학學을 말한다. 3승학勝學이라고도 하고, 계정혜戒定慧 삼학三學이라고도 한다.

> 삼학三學이 있다. 어떤 것이 그 세 가지인가? 왕성한 계율공부(增上戒學)·왕성한 마음공부(增上意學)[8]·왕성한 지혜공부(增上慧學)를 3학이라고 한다. 어떤 것이 왕성한 계율공부인가? 만일 비구가 계율인 바라제목차波羅提木叉 율의律儀에 머물고 위엄 있는 태도와 행동을 원만하게 갖추어 아주 미세한 죄를 보더라도 곧 두려워하는 마음을 내고 계율을 받아 지녀 배우는 것을 말한다. 어떤 것이 왕성한 마음공부인가? 만일 비구가 탐욕과 악하고 착하지 못한 법을 여의고, 네 번째 선정까지 완전히 갖추어 머무는 것을 말한다. 어떤 것이 왕성한 지혜공부인가? 이 비구가 이것은 괴로움의 거룩한 진리라고 사실 그대로 알고, 괴로움의 발생(集)·괴로움의 소멸(滅)·괴로움의 소멸에 이르는 길(道)에 대한 성스러운 진리라고 사실 그대로 알면 이것을 왕성한 지혜공부라고 말한다.
> (『잡아함경』)

8 증상심학增上心學 혹은 증상정학增上定學이라고도 한다.

세 가지 공부에도 3가지 종류가 있다고 설하고 있다. 왕성한 계율공부와 왕성한 마음공부, 그리고 왕성한 지혜공부를 잘 닦으면 사성제의 도성제에 이를 수 있다고 강조하고 있다.

◆ 문제 풀어보기

1. 다음의 설명 중 옳은 것은?

① 정업正業 - 바른 직업

② 정념正念 - 바른 억념

③ 정정正定 - 바른 정진

④ 정명正命 - 바른 행동

2. 사성제四聖諦에 대한 설명 중 가장 옳은 것은?

① 부처님이 성도하시기 전 인도사회에 퍼져 있던 외도들의 사상이다.

② 외도의 사상을 불교의 입장에서 받아들인 대승불교의 중요한 사상이다.

③ 녹야원에서 5사람의 수행자에게 설한 최초의 가르침이다.

④ 사성제에서 '사四'는 생로병사 4가지를 말한다.

3. 다음 보기의 밑줄 친 부분에 대한 설명이 틀린 것은?

> 사성제는 의사가 질병을 치료할 때, ㉠ 먼저 그 질병이 무엇인가 하는 병상病狀에 대한 올바른 진단을 하고, 다음으로는 ㉡ 그 질병이 어떠한 원인에서 생겨났는가(病因)를 알아, ㉢ 환자에게 치유될 수 있다는 확신을 준 후(회복回復), ㉣ 바른 처방으로써 그 병인病因을 치료하는 과정과 같다.

① ㉠은 고성제를 말한다.

② ㉡은 현실세계의 고통의 원인을 말한다.

③ ㉢은 중도의 실천행인 팔정도를 말한다.

④ ㉢과 ㉣은 이상세계의 결과와 원인을 설명하고 있다.

4. 사성제의 실천구조는 의사가 환자의 병을 치료하는 원리에 비유할 수 있다. 그 비유가 올바르지 않는 것은?

① 고苦: 앓고 있는 병의 증상

② 집集: 발병의 원인

③ 멸滅: 병이 완치된 건강한 상태

④ 도道: 목숨이 끊어진 상태

5. 고苦에 관한 설명이다. 가장 거리가 먼 것은?

① 괴로움의 성스러운 진리인 고성제의 종류로는 팔고八苦가 있다.

② 생고生苦는 노老, 병病, 사死의 전제조건이므로 괴로움, 출생이나 살아감의 아픔을 말한다.

③ 애별리고愛別離苦는 사랑하는 사람과 헤어지는 괴로움이다.

④ 오음성고五陰盛苦는 가지고 싶어도 가질 수 없는 괴로움이다.

6. 멸성제의 특징에 대한 설명이다. 옳지 않은 것은?

① 고통이 사라진 해탈과 열반의 세계를 말한다.

② 열반은 탐·진·치의 소멸이다.

③ 열반은 삶에 대한 의미 부여가 끝나지 않아도 드러난다.

④ 갈애의 소멸에 대한 연기적 고찰이다.

7. 다음 중 석가모니 부처님께서 깨달은 법의 내용이 아닌 것은?

① 사성제四聖諦 ② 중도中道

③ 지관타좌只管打坐 ④ 삼법인三法印

8. 모든 고苦를 일으키는 근본 원인으로 가장 타당한 것은?

① 무명無明 ② 명색名色 ③ 육입六入 ④ 노사老死

9. 다음은 사성제에 대한 설명이다. 틀린 것은?

① 사성제는 불교의 실천원리를 종합한 연기의 가르침이다.

② 사성제는 4가지 성스러운 진리라는 뜻이다.

③ 사성제는 모든 부처님의 가르침이 여기에 포함되는 것은 아니다.

④ 사성제의 핵심은 고성제, 집성제, 멸성제, 도성제이다.

10. 다음은 팔정도에 대한 설명이다. 바르지 않는 것은?

① 팔정도는 불교가 추구하는 목적인 열반을 증득하기 위한 8가지의 실천적인 수행방법이다.

② '팔정도'에서 정正은 바로 중中과 같은 뜻으로서 팔정도는 곧 팔중도八中道라고 할 수 있다.

③ 팔정도의 구체적인 8가지 항목은 정사正思·정견正見·정어正語·정업正業·정명定命·정정진正精進·정념正念·정정正定이다.

④ 사성제의 멸성제에 속하는 것이 팔정도이다.

11. 팔정도의 8가지 항목 중에서 가장 중요한 실천 덕목이 되는 것은?

① 정업 ② 정견 ③ 정사유 ④ 정명

12. 다음 글을 읽고 (   ) 속에 들어갈 말이 아닌 것은?

(㉠)는 우리 인간들의 삶이 갖고 있는 가장 (㉡)를 진단한 것이라면, (㉢)는 그 진단에 대한 처방과 해결책을 제시한 것이라고 할 수 있다. 즉 (㉢)란 깨달음에 이르는 (㉣)이라는 의미다.

① ㉠사성제 ② ㉡근본적인 문제
③ ㉢삼법인 ④ ㉣여덟 가지의 올바른 길

13. 다음은 고성제의 팔고八苦에 대한 설명이다. 여기에 대한 설명이 아닌 것은?

① 팔고八苦에는 가장 기본적인 4가지 괴로움인 태어나는 괴로움(生), 늙는 괴로움(老), 병드는 괴로움(病), 죽는 괴로움(死)이 있다.
② 사랑하지만 헤어져야 하는 괴로움(愛別離苦)과 구하지만 얻지 못하는 괴로움(求不得苦), 싫지만 만나야 하는 괴로움(怨憎會苦), 얻지만 쉽게 무너지는 괴로움(五陰盛苦)이 있다.
③ 노고老苦는 생生, 병病, 사死의 전제조건이므로 괴로움, 출생이나 살아감의 아픔을 말한다.
④ 팔고八苦는 우리의 몸과 마음으로부터 일어나는 괴로움인 내고內苦에 속한다.

14. 다음은 사성제에 대한 설명이다. 바르지 못한 것은?

① 고성제苦聖諦는 팔고八苦와 고해苦海로 대표되는 인생의 모든 고통은 틀림없는 진리라는 것이다.

② 집성제集聖諦란 인생의 고통이 되는 결과가 무엇인가를 규명하는 진리이다.

③ 멸성제滅聖諦란 마음속에 있는 모든 번뇌가 멸하여 애정이나 욕망, 갈애에 물들지 않고 활동하는 '마음의 자유로운 상태'이며, '마음이 어떤 사물에 집착하지 않는 상태'로 한없이 깨끗하고 청명한 경지이다.

④ 도성제道聖諦는 멸성제를 이루는 방법에 대한 것으로 팔정도 등 수많은 불교의 모든 수행이 여기에 포함된다. 이 도성제의 실천에 의해 열반이 구현된다.

15. 다음 글을 읽고 (　)에 들어갈 말을 쓰시오.(단답형: 차례 상관없이 서술해도 됨)

> 불교에서는 현실의 괴로움을 보통 4고四苦, 8고八苦라 한다. 생生, 노老, 병病, 사死 이외에 8고에는 다른 4가지 괴로움인 (①), (②), (③), (④)가 있다.

①　　　　②　　　　③　　　　④

〈생각해 봅시다〉

1. 사성제의 핵심을 나의 생활에서 어떻게 실천할 수 있을까?
2. 팔정도 각 항목의 핵심은 무엇인가? 팔정도를 생활 속에서 찾아 비유해 보자.

• 제5강 •

불교의 존재론은 무엇인가
- 삼과설

불교의 존재론적 입장을 설명한 것이 삼과설이다. 삼과설三科說이란 오온五蘊·십이처十二處·십팔계十八界를 말한다. 여기에 대해 살펴보자.

1. 오온설五蘊說이란 무엇인가?

우리가 표현하려는 바인 '내 안에 있는 것들이란 무엇일까?' 불교에서는 이것을 '오온五蘊'이라고 한다. 존재를 구성하는 5가지 요소라는 뜻이다. '온蘊'이란 '쌓아 모은다', '어떤 집합이나 더미' 등을 의미한다고 『대승오온론』에서 설하고 있다. 오온은 범어로 pañca-skandha, 빨리어로는 pañca-khandha이라 하고, 번역하여 5취온取蘊·5음陰·5중衆·5취聚라고도 한다. 온蘊은 모아 쌓은 것, 곧 화합하여 모인 것, 무릇 생멸하고 변화하는 것을 종류대로 모아서 5종으로 구별한 것이다.

불교에서 말하는 오온이란 인간존재에 대한 표현의 대상을 가장 알기 쉽게 정리한 개념이라 할 수 있다.

우리 육신은 구체적인 하나하나의 사물이 모두 인연에 의해서 오온이 잠정적으로 모여서 이루어진 것에 지나지 않는다. 이를 오온가화합五蘊假和合이라 한다. 여기에 대해 『불설대승보살장정법경』 제34권에서는 이렇게 비유하고 있다.

이른바 이 오온은 물거품과 같고, 물 위의 거품과 같으며, 아지랑이와 같고, 파초와 같으며, 요술과 같고, 꿈과 같으며, 빈 골짜기의 메아리와 같고, 그림자와 같으며, 뜬구름과 같고, 거울 속의 형상과 같다.

세친보살世親菩薩은 『대승오온론』에서 "부처님(薄伽梵)께서 간략히 설하신 바에 따르면 오온이란, 첫째 색온色蘊이고, 둘째 수온受蘊이고, 셋째 상온想蘊이고, 넷째 행온行蘊이고, 다섯째 식온識蘊이다."라고 언급하고 있다. 그러면 각각의 항목에 대하여 살펴보자.

첫째, **색온色蘊**은 스스로 변화하고 또 다른 것을 장애하는 물체이다. 조금 더 자세하게 설명하자면 색色은 육체적인 것을 말하는데, 특히 우리가 가진 욕망을 가리킨다. 눈으로 볼 수 있는 대상, 계산할 수 있는 대상, 자신의 이해관계로 따질 그런 대상에 대한 작용을 뜻한다. 세친보살은 『대승오온론』에서 색온을 다음과 같이 설하고 있다.

어떤 것이 색온인가. 네 가지 원소(四大種) 및 네 가지 원소로 이루어진 모든 물질을 말한다. 어떤 것이 네 가지 원소인가. 지계地界와 수계水界와 화계火界와 풍계風界를 말한다. 어떤 것이 지계인가. 굳고 강한 성질을 말한다. 어떤 것이 수계인가. 흐르고 젖어드는 성질을 말한다. 어떤 것이 화계인가. 따스하고 마르는 성질을 말한다. 어떤 것이 풍계인가. 경輕 등의 움직이는 성질을 말한다.

이 경문에 의하면 색온에 포함되는 것은 4대大와 4대로 이루어진 모든 물질이라는 것을 알 수 있다. 4가지 원소는 굳고 강한 성질을 가진 지계地界, 흐르고 젖어드는 성질을 가진 수계水界, 그리고 따스하고 마르는 성질을 가진 화계火界, 가볍고 움직이는 성질을 가진 풍계風界이다.

둘째, **수온受蘊**은 고苦·락樂·불고불락(不苦不樂=捨受)을 느끼는 마음의 작용이다. 수受는 감정적인 것으로, 우리의 마음에 떠오르는 즉각적인 느낌들을 말한다. 불쾌하다, 고통스럽다. 즐겁다 등의 주관적인 감정들이다. 크게 보면 우리에게 즐거움을 주느냐, 괴로움을 주느냐로 작용한다. 역시 『대승오온론』에서는 다음과 같이 설하고 있다.

어떤 것이 수온인가. 세 가지의 받아들이어 감각하는 것(領納)을 말하니, 첫째 괴로움이고, 둘째 즐거움이고, 셋째 괴롭지도 않고 즐겁지도 않은 것이다. 즐거움이란 사라질 적에 화합의 욕망이 있는 것이고, 괴로움이란 생겨날 적에 분리의 욕망이 있는 것이고, 괴롭지도 않고 즐겁지도 않음이란 이 두 가지 욕망이 없는 것이다.

이 경문에서 언급되고 있는 내용 역시, 수온이란 3가지 받아들이어 감각하는 것이다. 여기에 괴로움과 즐거움, 괴롭지도 즐겁지도 않은 것의 3가지가 있다고 말하고 있다.

셋째, **상온想蘊**은 외계外界의 사물을 마음속에 받아들이고, 그것을 상상하여 보는 마음의 작용이다. 상想은 생각을 의미한다. 생각을 통해 그 의미를 추구하고 긍정하거나 부정하는 것들을 뜻한다. 경전에서는 상온에 대해 "어떤 것이 상온인가. 경계에 대해 갖가지 상相을 취하는 것이다."라고 정의하고 있다.

넷째, **행온行蘊**은 인연으로 생겨나서 시간적으로 변천함을 말한다. 여기서 행行은 '의지'를 가리킨다. 원래 글자의 뜻은 행동이지만, 인간의 행동은 그 사람의 의지가 작용한 결과이므로 의지로 본다.

어떤 것이 행온인가. 수온과 상온을 제외한 나머지 모든 심소법(心法) 및 심불상응행법心不相應行法이다. 어떤 것이 나머지 모든 심소법인가. 마음과 상응하는 저 모든 법을 말한다.

다섯째, **식온識蘊**은 의식意識하고 분별하는 것을 말한다. 이 식識은 인식을 의미한다. 우리가 마음에 새겨 놓은 것, 결국에는 좋은 것과 나쁜 것으로 구별하여 심어두는 것이다.

어떤 것을 의식의 쌓임이라 하는가. 이를테면 반연하는 바 경계를 분명히 분별하는 것으로써 그 성품이 됨이다. 한편 이것을 마음이라고도 하고 뜻이라고도 하나니, 마음으로 채집採集하기 때문이고,

뜻으로 섭수하는 것이기 때문이다.

지금까지 설명한 오온을 도표로 정리하면 다음과 같다.

〈표 7〉 오온의 핵심내용

색온色蘊	우리 몸을 구성하고 있는 지수화풍地水火風 사대四大를 포함한 모든 물질적인 것을 말한다. 눈, 귀, 코 등의 감각기관을 형성하는 것이다.
수온受蘊	수受는 육체가 감각적으로 받는 유쾌함, 불쾌함의 느낌과 정신이 지각적으로 느끼는 괴로움과 즐거움 등의 감수작용이다. 다시 말해 색온에 대하여 육근六根을 통하여 느끼고 받아들이는 쾌감, 불쾌감 등의 감각작용을 말한다. 수온에는 삼수三受가 있다. ◎고수苦受: 괴로움 느낌 ◎낙수樂受: 즐거운 느낌. ◎사수捨受: 불고불락수不苦不樂受라고도 하며, 괴롭지도 즐겁지도 않은 느낌.
상온想蘊	외계와의 접촉에 의하여 일어나는 지각이나 표상表象의 작용을 말한다. 느낌을 이미 축적된 개념과 연관 지어 개념화한 정신작용이다.
행온行蘊	수受와 상想 이외의 심리작용으로, 특히 의지작용을 말한다. 마음의 상태, 마음의 인식 작용을 말한다.
식온識蘊	모든 심적心的 작용을 통합하는 순수한 정신활동으로, 특히 식별작용을 말한다.

〈표 8〉 오온의 구성요소와 작용

오온五蘊	구성요소	작용
색온色蘊	육체, 욕망	이利 / 해害
수온受蘊	감정, 감각	쾌快 / 고苦
상온想蘊	생각, 이념	희喜 / 비悲
행온行蘊	행동, 의지	애愛 / 증憎
식온識蘊	의식(인식), 마음작용	선善 / 악惡

이처럼 불교의 오온설은 결국 우리가 표현할 대상을 욕망, 감정, 생각, 의지, 인식의 5가지로 구분하고 있다. 『팔천송반야경』에서는 부처님과 해공解空제일 수보리 존자와의 문답에서 오온을 다음과 같이 설하고 있다.

부처님께서 말씀하셨다. "오온五蘊은 연기緣起이므로 공空이다." 수보리 장로가 말했다. "세존이시여, 그렇습니다, 그렇습니다. 그것은 왜냐하면 존재의 물질적 요소인 색色·수受·상想·행行·식識은 모두 연기이므로 무상한 것이기 때문입니다. 그러므로 존재의 물질적 요소인 색·수·상·행·식은 모두 공입니다. 그리고 진여眞如입니다."

오온설은 정신과 물질의 관계를 생명활동의 측면에서 관찰하여 현실세계의 현상을 정확하게 포착한 것이라고 할 수 있다. 앞에서 상술한 했듯이, 여기에는 5가지 의미가 있다. 첫째, 색色·수受·상想·행行·식識을 말하며, 오음五陰·오취五趣라고도 한다. 둘째, 온蘊은 덮는다, 쌓이다, 모으다 등 적집積集의 뜻이다. 셋째, 물질현상인 색色과 정신현상인 수·상·행·식을 말한다. 넷째, 인간 존재로 한정하여 오온五蘊이라는 용어를 사용하고자 할 때에는 오취온五聚蘊이라는 말을 별도로 사용하기도 한다. 다섯째, 불교에서는 십이처十二處·십팔계十八界와 함께 오온 역시 일체의 존재를 가리키는 술어로 사용하고 있다. 따라서 오온은 좁은 의미로는 인간 존재를, 넓은 의미로는 일체 존재를 말한다. 색은 물질적인 현상을 말하고, 수·상·행·식은 정신적인 현상을 말하는 것이다. 이것을 통하여 알 수 있는 사실은 인간 존재는 물질현상과 정신현상의 일시적 결합체일 뿐 고정불변의 실체는 없다는(諸行無常) 것이다. '나'라고 할 만한 고정불변의 실체는 없으므로(諸法無我), 나를 위한 이기심에서 벗어나라는 의미가 내포되어 있다고 할 수 있다. 따라서 이것은 삼법인과 연결되어 있다는 것을 보여준다. 또한 이 오온설은 우리 생활과 깊이 연관되어 있다. 색온의 경우는 쉽게 말하면 우리의 육신(육체인 몸)이다. 우리 인간은 눈에 보이는 물질적 측면(몸)과 보이지 않는 정신적인 측면(마음)으로 이루어진 존재이다. 여기서 색온은 몸에 해당되고, 수온·상온·행온·식온은 정신인 마음에 포함된다. 이 오온은 십이연기의 명색名色과 동일한 측면으로 해석된다. 명名이 정신적인 측면(수상행식)이라면, 색은 물질적인 측면(색)이다. 따라서 우리는 청정하고 건강한 오온을 가지도록 노력하는 것이 중요하다.

2. 4가지 원소인 사대

4가지 구성요소는 색온色蘊에 포함되는 것으로, 지地·수水·화火·풍風 사대四大이다. 곧 일체의 물체는 이 네 가지 원소로 구성되어 있다는 것이다. 사대는 땅, 물, 불, 바람의 4가지 원소. 사대로부터 파생된 모든 물질을 말한다. 물질의 종류에는 구체적인 물질과 추상적인 물질이 있으며, 변형되는 성질을 가지고 있다. 또한 일정한 공간을 차지한다. 따라서 죽으면 모두 흩어질 이들 사대로 이루어진 이 육신도 따지고 보면 진정한 '나'가 아니라는 것이(諸法無我) 불교의 가르침이다. 이것을 표로 정리하면 다음과 같다.

〈표 9〉 4가지 원소와 육신의 적용

4대	내용
땅	뼈, 손톱, 머리카락 등의 견고한 성질
물	땀, 혈액, 침, 오줌 등의 축축한 성질
불	체온 등의 따뜻한 성질
바람(공기)	위장 속의 가스, 호흡 등의 움직이는 성질

3. 12장소인 십이처설

십이처十二處란 6가지 감각기관(육근)과 6가지 감각대상(육경)을 합친 것을 말한다. 곧 육근인 안·이·비·설·신·의근과 육경인 색·성·향·미·촉·법경이다.

> '처'에는 열두 가지가 있으니, 안처眼處·색처色處·이처耳處·성처聲處·비처鼻處·향처香處·설처舌處·미처味處·신처身處·촉처觸處·의처意處·법처法處이다. (『대승아비달마잡집론』)

이 십이처설十二處說은 불교의 가장 기본적인 세계관이며, 일체 세계에 대한 일종의 분류법이라고 할 수 있다. 그리고 모든 존재를 인간의 인식을 중심으로 설명하고 있다. 다른 종교가 초월적인 실재를 인식하는 것과 달리, 불교는 인간에 의해 인식되지 않는 것은 일단 존재하지 않는 것으로 간주하는 지극히 현실주의적이고 합리적이며 인간 중심주의적인 입장을 취한다. 『잡아함경』 13권의 319경인 「일체경」에는 십이처설에 대하여 이렇게 말하고 있다.

> 일체는 십이처十二處에 포섭되는 것이니, 곧 눈과 색, 귀와 소리, 코와 냄새, 혀와 맛, 몸과 촉감, 의지와 법이다. 만일 이 십이처를 떠나 다른 일체를 시설하고자 한다면 그것은 다만 언설일 뿐, 물어봐야 모르고 의혹만 더할 것이다. 왜냐하면 그것은 경계가 아니기 때문이다.

4. 십팔계설이란 무엇인가?

불교에서는 인간과 그 밖의 모든(일체) 존재를 우리의 인식관계로 파악한 18가지 범주를 십팔계十八界라고 한다. 즉 주관적인 세계로부터 전개되는 모든 현상을 18개의 범주로 설명하는 인식론적인 세계관이다. 『대승아비달마잡집론』에서는 십팔계의 종류를 이렇게 설하고 있다.

> '계'에는 열여덟 종류가 있으니, 안계眼界·색계色界·안식계眼識界·이계耳界·성계聲界·이식계耳識界·비계鼻界·향계香界·비식계鼻識界·설계舌界·미계味界·미식계味識界·신계身界·촉계觸界·신식계身識界·의계意界·법계法界·의식계意識界이다.

여기에는 육근六根·육경六境·육식六識이 해당된다. 다시 말하면 근경식根境識의 삼사화합三事和合을 말한다. 이 삼사화합이라는 것은 육근이 육경을 대할 때 일어나는 인식의 작용이 바로 육식이며, 이렇게 육근·육경·육식이 모여 인식이 성립하는 것을 말한다. 다시 말해 십팔계란 일체의 존재를 인식기관(육근)과 인식대상(육경), 그리고 인식작용(육식)으로 분류한 것을 말한다.

〈표 10〉 십팔계 구성도

육근六根	안근眼根	이근耳根	비근鼻根	설근舌根	신근身根	의근意根
육경六境	색경色境	성경聲境	향경香境	미경味境	촉경觸境	법경法境
육식六識	안식眼識	이식耳識	비식鼻識	설식舌識	신식身識	의식意識

5. 삼계사생설

불교의 의식 중 예불문에는 석가모니 부처님을 '삼계도사三界導師 사생자부四生慈父', 즉 '삼계를 이끄시는 스승이요, 사생의 자비로운 아버지'라고 말하고 있다. 이 삼계사생三界四生은 시방삼세十方三世와 삼천대천세계三千大天世界의 유정有情·무정無情 할 것 없이 윤회 속에 있는 모든 존재를 포괄하여 지칭하는 개념이다.

1) 삼계

삼계三界란 욕계欲界·색계色界·무색계無色界를 말한다. 이것은 중생이 미혹한 업인業因으로 초래된 과보果報로 생사 윤회하는 모든 세계를 총칭하는 말이다.

〈표 11〉 삼계의 구성과 내용

<table>
<tr><td rowspan="7">욕계欲界
(사생四生)</td><td colspan="4">오욕(재물욕, 음욕, 수면욕, 명예욕, 식욕)이 치성한 세계</td></tr>
<tr><td rowspan="6">육도六度</td><td>천상天上 →</td><td rowspan="6">육욕천六欲天 →</td><td>타화자재천</td></tr>
<tr><td>인간人間</td><td>화락천</td></tr>
<tr><td>아수라阿修羅</td><td>도솔천</td></tr>
<tr><td>축생畜生</td><td>야마천</td></tr>
<tr><td>아귀餓鬼</td><td>도리천</td></tr>
<tr><td>지옥地獄</td><td>사천왕천</td></tr>
<tr><td rowspan="5">색계色界
(화생化生)</td><td colspan="4">욕망은 없으나 미묘한 형체가 있는 세계</td></tr>
<tr><td rowspan="4">사선四禪</td><td>사선천</td><td>9천</td><td rowspan="4">⇒ 18천</td></tr>
<tr><td>삼선천</td><td>3천</td></tr>
<tr><td>이선천</td><td>3천</td></tr>
<tr><td>초선천</td><td>3천</td></tr>
<tr><td rowspan="5">무색계
無色界
(화생化生)</td><td colspan="4">형체마저 없어진 순전히 정신적인 세계</td></tr>
<tr><td rowspan="4">사천四天</td><td colspan="2">비상비비상처천</td><td rowspan="4">→ 멸수상정</td></tr>
<tr><td colspan="2">무소유처천</td></tr>
<tr><td colspan="2">식무변처천</td></tr>
<tr><td colspan="2">공무변처천</td></tr>
</table>

2) 사생

사생四生은 범어로 catasro-yonaya이며, 생물이 나는 형식의 네 가지를 말한다. 『대장일람』 제6권에서는 "사생四生은 태생胎生·난생卵生·습생濕生·화생化生이다."라고 하였다. 사생의 첫째 태생은 태로 태어나는 것을 말한다. 사람, 소, 말 등이 여기에 해당한다. 『대장일람』 제6권의 「유정품有情品」에서는 태생을 다음과 같이 정의하고 있다.

〈문〉 태생胎生은 무엇입니까? 〈답〉 이른바 중생이 태胎 속에 들어가면, 그물 속의 태를 찢고 태어난다. 가령 코끼리·말·돼지·양·당나귀·낙타·물소·들 사슴·금시조·용·사람으로 태어나는 것이다. 아귀 또한 태생이며, 축생과 인간 일체는 사생四生을 얻을 수 있다.

둘째, 난생卵生은 알에서 태어나는 것으로 닭, 오리, 날짐승 등이 여기에 속한다. 『대장일람』 제6권의 「유정품」에서 다음과 같이 언급하고 있다.

〈문〉 난생卵生이란 무엇입니까? 〈답〉 이른바 중생이 알 속에 들어가면 알에 얽히는데, 알 껍질을 깨고서 태어난다. 가령 기러기·원앙·제비·공작·앵무새·구관조·천추千秋 혹은 금시조金翅鳥와 용과 인간으로 태어나는 것이다.

셋째, 습생濕生은 습기로 태어나는 것을 말한다. 모기, 하루살이 등이 여기에 해당한다.

〈문〉 습생濕生이란 무엇입니까? 〈답〉 이른바 중생이 대나무와 갈대의 구멍이나 썩은 나무 구멍의 냄새나는 곳이나 더러운 음식을 말미암고 변소의 분뇨에서 뜨거운 기운이 솟으면서 서로 다가가고 서로 핍박하고 서로 말미암아서 태어난다. 가령 장구벌레·모기·등에·나방·나비애벌레·개미·금시조·용·사람으로 태어나는 것이다.

넷째, 화생化生은 형체에 구애 없이 몸 그대로 가서 태어나는 것을 말하는데 여기에 아귀, 천상, 지옥이 있다.

〈문〉 화생化生이란 무엇입니까? 〈답〉 이른바 중생이 일체의 감관(根)을 성취해서 몸의 관절을 일시에 구족해서 태어나는 것이다. 가령 일체의 지옥·일체의 아귀·일체의 중음中陰·일체의 천天·금시조·용·사람으로 태어나는 것이다. 지옥·아귀·천상은 오직 하나인 화생뿐이다.

『대지도론』에서 "보살은 네 종류의 태어남(四生) 가운데에서 태생胎生과 화생化生으로 탄생하게 된다."고 설하고 있다. 또 『불설대집법문경』에서도 동일하게 설하고 있다.

네 가지로 태어남(四生)을 부처님께서 말씀하셨으니, 태로 나는 것(胎生), 알로 나는 것(卵生), 습기로 나는 것(濕生), 변화하여 나는 것(化生) 등이다.

이 외의 경전에서도 사생四生에 대한 내용은 도처에 남아 있다. 그리고 이 사생 외에 12종류 중생이 있다. 참고로 12종류 중생은 태란습화胎卵濕化의 사생 외에 빛깔과 생각이 있고 없음에 따른 분류로서 유색有色, 무색無色, 비유색非有色, 비무색非無色, 유상有想, 무상無想, 비유상非有想, 비무상非無想이다.

◆ 문제 풀어보기

1. 다음 중 설명이 잘못된 것은?

① 삼법인三法印은 존재 현상의 연기론적 특징을 설명한 것이다.

② 일체법은 존재의 연기적 구조를 다양한 관점에서 설명한 것이다.

③ 사성제는 보살이 중생에게 취하는 네 가지의 행동양식이다.

④ 십이연기는 연기법 자체를 심층 분석하여 고통과 해탈의 삶(과정)을 구체적으로 밝힌 가르침이다.

2. 다음은 십이처설에 대한 설명이다. 가장 바른 것은?

① 삼과설三科說에 포함되기도 한다.

② 십이연기의 초기적 형태이다.

③ 십이처설은 육근六根과 육식六識으로 이루어진다.

④ 십팔계에서 육도六道를 뺀 나머지를 말한다.

3. 다음은 초기 경전에서 언급한 일체법一切法에 대한 설명이다. 틀린 것은?

① 오온五蘊은 물질현상인 색色과 정신현상인 수상행식受想行識을 말한다.

② 십이처十二處란 6가지 감각기관과 6가지 감각대상을 합친 것을 말한다.

③ 십팔계란 일체의 존재를 인식하는 기관과 인식대상, 그리고 인식작용으로 분류한 것을 말한다.

④ 오온, 십이처, 십팔계를 설하신 목적은 물질과 정신이 영구불변함을 확인시켜 주기 위함이다.

4. 불교에서는 인간과 그 밖의 모든 존재를 우리의 인식관계로 파악한 18가지 범주를 십팔계十八界라고 하는데, 다음 중 이에 해당하지 않는 것은?

① 육근六根 ② 육경六境 ③ 육도六道 ④ 육식六識

5. 다음 설명 중 적절치 않은 것은?

① 오온五蘊은 색色·수受·상想·행行·식識을 말한다.

② 십이처處는 '눈·귀·코·혀·몸·의지'라는 6개의 인식기관(육근)과 '색·소리·냄새·맛·촉감·법'이라는 6개의 인식대상(육경)을 말한다.

③ 사대四大는 자연과 인간을 구성하는 기본적 물질요소로서 지地·수水·화火·풍風을 말한다.

④ 제법무아란, 모든 현상은 하나하나에 어떤 실질적인 물체가 없으므로 고정된 본질이 있다.

6. 다음은 삼계三界에 대한 설명이다. 여기에 대한 설명으로 적절한 설명이 아닌 것은?

삼계三界란 욕계欲界, 색계色界, 그리고 무색계를 말한다.

① 욕계는 식욕, 수면욕, 음욕, 명예욕, 재물욕이 치성한 세계를 말한다.

② 색계는 욕망은 있으나 미묘한 형체가 없는 세계이다.

③ 무색계는 형체마저 없어진 순전히 정신적인 세계이다.

④ 우리 인간이 사는 세계는 육도六度 윤회와 오욕五欲이 있는 세계이다.

7. 오온五蘊에 관한 설명 중 옳지 않은 것은?

① 오온은 오음五陰이라고도 한다.

② 오온은 일체의 유위법을 포섭한다.

③ 오온 중 행온行蘊은 표상작용에 해당된다고 할 수 있다.

④ 불교에서는 오온이 '나'라는 집착을 경계한다.

8. 다음은 십이처설十二處說에 대한 설명이다. 다음의 (　) 속에 들어갈 말을 쓰시오.

> 일체는 십이처十二處에 포섭되는 것이니, 곧 (①), (②), (③), (④), (⑤), (⑥) 이다. 만일 이 십이처를 떠나 다른 일체를 시설하고자 한다면 그것은 다만 언설일 뿐, 물어봐야 모르고 의혹만 더할 것이다. 왜냐하면 그것은 경계가 아니기 때문이다.

①　　②　　③　　④　　⑤　　⑥

9. 사생四生에 대한 설명으로 맞지 않는 것은?

① 태생胎生은 태로 태어나는 것으로 사람·소·말 등이 여기에 해당한다.

② 난생卵生은 알에서 태어나는 것으로 닭·오리·날짐승 등이 여기에 속한다.

③ 습생濕生은 습기로 태어나는 것을 말하는데 모기·하루살이 등이

여기에 해당한다.

④ 화생化生은 형체에 구애받아 몸 그대로 가서 태어나는 것을 말하는데, 여기에 천상·지옥이 있다.

10. 다음은 오욕에 대한 설명이다. 여기에 대한 설명으로 틀린 것은?

① 오로지 재산을 불리는 데 열중하는 것은 재물 욕심이 많기 때문이다.

② 오늘날 사회문제의 하나인 아동 성폭력의 사건은 범죄자가 자신의 색욕(色欲: 성욕)을 다스리지 못한 결과 때문이다.

③ 음식을 보면 먹고 싶은 충동이 수시로 일어나는 것은 명예욕 때문이다.

④ 수면욕睡眠欲이 치성하면 몰려드는 잠 때문에 수업시간에 집중할 수가 없다.

11. 다음 중 오온에 대한 설명으로 바르지 않는 것은?

① 색온色蘊은 우리 몸을 구성하고 있는 지수화풍地水火風 사대四大를 포함한 모든 물질적인 것을 말한다.

② 수온受蘊은 색온에 대하여 육근六根을 통하여 느끼고 받아들이는 쾌감, 불쾌감 등의 감각작용을 말한다.

③ 상온想蘊은 내계內界의 사물을 마음속에 받아들이고 그것을 상상하여 보는 마음의 작용이다.

④ 행온行蘊은 수受와 상想 이외의 심리작용으로, 특히 의지작용을 말하고, 식온識蘊은 의식意識하고 분별하는 식별작용을 한다.

12. 인간의 오욕락五欲樂이라고 볼 수 없는 것은?

① 재물에 대한 욕망 ② 명예에 대한 욕망

③ 편안함의 추구 ④ 깨달음에 대한 욕망

〈생각해 봅시다〉

1. 오온의 핵심은 무엇이며, 오온을 우리의 현실에서 어떻게 비교해서 설명할 수 있을까?

2. 십이처와 십팔계설을 비유로써 생각해 보자.

• 제6강 •

우리의 삶은 어떻게 계속되는가

- 업과 윤회

1. 업설의 기원과 의미

여기서는 먼저 업설業說의 기원에 대하여 살펴보자. 업설의 기원은 일찍이 업과 윤회를 동일한 관념으로 통용한 것에 있다. 윤회의 가능성은 업의 성격에서 나오는 것이며, 윤회설은 업설에 따른 필연적 결과라고 말할 수 있다. 업은 윤회의 전생을 가능케 하는 원동력이다. 사후死後에 재생하되, 그 재생처가 좋은 장소(善處)인지 악한 장소(惡處)인지는 오직 전생의 업력에 달려 있다. 즉 업설은 "선행에 의해 선인善人이 되고 악행에 의해 악인惡人이 된다."라는 기본적인 업의 법칙에서 성립되었다. 업業 사상의 기원은 인도 아리안족의 정신문화가 전개되어 1,000년 가까이 경과한 이후, 우파니샤드 시대에 이르러 업설로서 성립되었다.

업業의 의미를 살펴보면, 업은 범어로 'karma', 팔리어로는 'kamma'

라 하고 갈마羯磨라 음역한다. 몸·입·뜻으로 짓는 말과 동작과 생각하는 것과 그 세력을 말한다. 업은 짓는다는 의미로서 정신으로 생각하는 작용, 곧 의념意念이며 이것이 뜻을 결정하고 선악을 짓게 하여 업이 생긴다. 업은 또 사업思業과 사이업思已業으로 나눌 수 있다. 사업은 뜻으로 활동하는 정신 내부의 의업意業, 즉 생각하는 업이다. 사이업은 한번 뜻(생각)을 결정한 후에 외부에 표현되는 신업身業·구업口業이다. 이를 신·구·의 삼업이라 한다. 또 몸과 입으로 외부에 표현되는 업을 일러 표업表業이라고 하며, 그 표업이 끝난 후에도 밖으로는 표현되지 않아도 그 선업이나 악업을 상속하는 것은 무표업無表業이라 한다. 또 업은 선업·악업으로 나누어지는데, 몸·입·뜻으로 짓는 십선업十善業이 있고, 그 반대의 십악업十惡業이 있다.

여기에 대해 조금 더 부연해 보자. 업(業, karma)에서 'kṛ'는 ~하다, 만들다(의도가 개입, 결과를 만들다)로, (의도적으로) 하다, (영향을 미치게) 하다는 뜻이다.

또 업은 의지(의도·동기)와 의지를 동반한 활동(행동, 행위)과 그 행동에 의해 남겨진 영향력이며, 그 행위는 3가지 측면으로 구분할 수 있다. 첫째는 의지를 동반하지 않은 활동은 운동일 뿐 행동은 아니다. 둘째는 불교적 도덕 판단의 대상은 반드시 의지를 동반한 활동이다. 셋째는 고의로 범하지 않은 살인은 처벌의 대상이 될 수 없다는 것이다. 업의 영향력은 업이 일단 이루어지면 반드시 영향력을 미쳐 과보果報를 받는다. 업은 식물처럼 일단 씨앗이 뿌려지면 과보라는 열매를 맺는다. 그 씨앗에 그 열매이다. 여기서 참고로 보報는 범어로 vipāka인데, 잘 익음, 성숙, 보답이라는 의미이다.

2. 업설의 특징

불교에서는 업業에서 의지(cetanā, 思)를 중시하는 시각인데, 특히 삼업三業 중에서 의업意業을 중시한다. 왜냐하면 의업은 마음으로 짓는 업, 즉 사업思業으로서 행위를 하려는 의지적인 마음작용으로부터 일어나기 때문이다. 그러면 세 가지 업(三業)에 대하여 살펴보자.

첫 번째의 신업身業은 몸으로 짓는 업을 말한다. 신업은 사이업思已業으로 의지적인(생각으로 결정) 사업思業이 그치고 신체와 언어의 구체적인 행위로 나타난 것이다.

둘째로 구업口業은 입으로 짓는 업이다. 육체적 업, 언어적 표현, 의지의 작용에 의해 신구의身口意 삼업三業이 일어나므로 행위(業)의 본질은 의지(思)에 있기 때문에 인간의 자유의지를 중시한다. 따라서 결과로서 나타난 행위의 선악보다는 그 행위를 낳게 한 동기(의지, 마음)의 선악을 더 중시한다. 또한 신구의 삼업을 사업과 사이업의 이업二業으로 나누는 것 자체가 행위(業)의 비중이 의지(思)에 있음을 보여준다.

셋째, 의업意業은 마음으로 짓는 업이다. 마음으로 말미암은 행위를 중시하는 선악관은 다음과 같은 마음을 본질로 하는 선악관을 낳는다. 참고로 불교에서는 의업이 가장 무거운 죄라고 본다. 의업이 사업이라면, 구업·신업은 사이업이라고 하며 이는 생각하고 난 다음의 업을 말한다.

공업共業은 모든 중생에게 공통되는 업이라는 뜻이다. 곧 모든 중생이 함께 사용하는 기세간器世間[1]의 과果를 감응하게 하는 원인이 되는 것이다. 제각기 공동으로 선악의 행위를 하고, 공동으로 고락苦樂의 과보를 받으므로 그 제각기 지은 공동행위를 공업이라 한다. 반면 별업別業은 개인적인 업이다. 그러나 업설의 진정한 의미는 순수한 마음을 무시한 채 행복한 결과를 가져오는 것에만 밝은 것(목적론)도 아니고, 가장 바람직한 결과를 가져오는 데 효과적인 여러 방편들을 고려하지 않은 채 동기의 순수성이나 원칙의 고수만을 고집하는 것(의무론)도 아니다. 따라서 삼독심三毒心에 빠지지 않은 순수한 마음, 자아의 집착에서 나온 이기심이 사라진 동기는 최고선으로서 열반을 가져오는 것, 그것에 도움이 되는 여러 방편들, 불성佛性의 발휘라는 결과에 있다. 불교에서는 동기와 결과 모두를 중요시하는 이유가 여기에 있다. 즉 중도中道로서의 업설인 것이다.

3. 열 가지 악업과 열 가지 선업

불교에서 말하는 업은 모든 행위를 가리킨다. 그리고 이 행위는 신체로 움직이는 행동뿐만 아니라 마음으로 생각하는 활동과 입으로 말하는 활동까지 포함한다. 즉 행위의 양상을 세 가지로 구분한 것이 3가지 업이다. 3가지 업으로부터 초래되는 10가지 악업(十惡業)과 10가지 선업(十善業)에 대하여 살펴본다.

십악업十惡業은 몸으로 짓는 3가지 악업과 입으로 짓는 4가지 악업, 그리고 뜻으로 짓는 3가지 악업을 말한다. 여기에 대한 구체적인

---

1 모든 중생이 살고 있는 국토, 세계, 자연계를 말한다.

내용은 살생殺生·도둑질(偸盜)·사음邪婬은 몸으로 짓는 악업이고, 거짓말(妄語)·이간질(兩舌)·욕설(惡口)·아첨하는 말(綺語)은 입으로 짓는 악업이며, 탐욕(貪欲)·성냄(瞋恚)·사견(邪見: 癡暗)은 뜻(생각)으로 짓는 악업이다. 여기에 대해 『우바새계경』에서는 십악업을 다음과 같이 설하고 있다.

> 몸으로는 3도道이니, 살생·도둑질·사음하는 것을 말한다. 입으로는 4도이니, 악구惡口·망어妄語·양설兩舌·무의어(無義語: 綺語)이며, 마음으로는 3도이니, 질투·성냄·사견이다. 이 십악업 이것은 온갖 죄악의 근본이다.

여기서 알 수 있는 것은 이 십악업은 온갖 죄악의 근본이 된다는 것이다.

다음은 십악업의 반대인 10가지 착한 업(十善業)에 대해 살펴보자. 신업身業이란 몸으로 짓는 3가지 선업을 뜻하는 것으로, 여기에 3가지 종류가 있다. 첫째는 산 목숨을 죽이지 말고 살려 주는 것으로, 여기에 방생放生이 있다. 둘째는 남의 것을 훔치기보다는 남에게 베푸는 것으로, 여기에 보시가 있다. 셋째는 삿된 관계를 갖지 말고 정숙한 생활을 하는 것으로, 여기에 범행梵行이 있다.

구업口業이란 입으로 짓는 4가지 선업이다. 첫째는 거짓말보다는 진실한 말(眞實語)을 하는 불망어, 둘째는 이간질보다는 화합된 말(和合語)을 하는 불양설不兩舌, 셋째는 욕설보다는 부드러운 말(愛語)을 하는 불욕설(不惡口), 넷째는 남과 나를 속이는 말보다는 바른 말(直語)

을 하는 불기어不綺語이다. 의업意業이란 뜻으로 짓는 3가지 선업善業이다. 첫째는 탐욕을 버리고(無貪) 무욕의 경지를 지니는 불탐욕不貪慾, 둘째는 성냄을 버리고 자신을 잘 다스리는(無瞋) 부진不瞋, 셋째는 어리석을 버리고(無癡) 진리의 입장에서 보는 불사견不邪見이다.

4. 업설의 취지

의지를 지닌 인간은 업을 일으켜 자신의 선업과 악업에 따라 생사에 유전하면서 고락苦樂의 과보를 받는다. 여기에는 2가지 관점이 존재한다. 그 첫째는 자유의지로, 인간에게는 자유의지가 있다는 것이다. 여기에 대해 조금 더 부연해 보자면, 첫째는 자기 책임이다. 인간사는 신의 뜻도, 숙명도, 우연도 아닌 자업자득自業自得이다. 왜냐하면 신神, 숙명, 운명 등은 현실에서 확인 불가능하기 때문에 도덕적 책임의 주체는 바로 자기 자신이라는 점을 불교에서는 강조한다. 여기서 중요한 것은 자기 자신의 변화에 있다. 현재 자신의 마음가짐에 따라 미래의 과보가 결정된다. 인간사의 결정 요소는 현재의 자신의 마음가짐과 행위, 희망적 진취적 인생관에 의해서 결정된다. 왜냐하면 현재의 내가 과거 내 행위의 결과라면, 현재 내 행위의 여하에 따라 미래의 나도 달라질 수 있기 때문이다.

둘째는 업業과 보報 사이에는 필연적 인과관계가 있기 때문에 업보는 필연이다. 즉 선악의 행위(업)는 세력이 강하므로 행위가 그치더라도 그것으로 끝나는 것이 아니라 어떤 형태로든 그 행위자에게 여력(영향력)을 남긴다. 이런 업보의 인과관계는 과거·현재·미래의 3세에 걸쳐

전개된다. 이런 까닭에 『중아함경』에서는 "만약 고의로 업을 지음이 있다면 반드시 그 과보를 받으니 혹 현세에 받기도 하고, 혹 후세에 받기도 한다."라고 하였다. 이것은 현실 속에선 선한 행위를 한 자가 괴로움을 당하기도 하는 것에 대한 처방이라고 할 수 있다. 선한 행위는 언젠가는 반드시 행복한 결과를 맺으리라는 확신에 근거가 된다. 따라서 업설은 인과업보因果業報 사상을 선악 판단의 기초로 삼는 것임을 알 수 있다.

5. 윤회설

1) 윤회의 의미

윤회輪廻의 원어는 삼사라(saṁsāra: 회전, 흐름)인데 '함께 움직이는 것, 함께 흘러가는 것'이라는 뜻이다. 윤회 이론에 의하면 어떤 개인의 현재 생生은 한없는 전체 생 가운데 하나의 출생으로 생각된다. 하나의 출생, 그것은 '윤회라는 강물 속의 하나의 물결에 불과한 것이다.' 따라서 윤회란 한 인간이 죽은 후에 그가 전생에 지은 행위(karman)에 의해 결정된 새로운 모습으로 땅 위에 다시 오는 것이다. 즉 업으로 야기되는 것, 육도 윤회, 생명 순환의 무한성, 끊임없는 순환, 인간이 다른 종으로 태어남을 의미하므로 이것은 인간 중심주의를 타파한다.

2) 무아의 윤회(불교)와 자아의 윤회(힌두교)

불교의 기본 입장은 무아無我의 윤회를 주장한다. 즉 고정·불변의 실제로서 영혼(아트만)과 같은 것은 없다는 것이다. 불교에서는 금생의 흐름(相續, santati)이 내생으로 연결되어 태어나는 것, 즉 '재생再生'을 윤회라고 부른다. 초기경전에서 아라한은 다시 태어남, 즉 재생과 윤회가 없다고 표현한다. "오온·십이처·십팔계가 연속하고 끊임없이 전개되는 것을 윤회라 한다." 불교의 재생은 갈애渴愛를 근본원인으로 한 오온의 흐름이요, 다시 태어남(재생)이다.

반면 힌두교는 자아自我의 윤회이다. 힌두교에서는 불변하는 아트만(atman, 자아)이 있어서 금생에서 내생으로 재육화再肉化하는 것을 윤회라 한다. 힌두교의 재육화는 자아가 새 몸을 받는 것을 금생의 심장인 허공에 머물던 자아가 내생의 몸의 심장 안 허공에 다시 들어가는 것이라고 한다.

3) 윤회의 내용

①욕계欲界는 지옥, 아귀 축생, 인간, 그리고 저급한 신神들이 사는 세계를 지칭한다.

②색계色界는 이상 더 욕망을 모르고 정신적인 즐거움만 가지고 있는 신들이 사는 세계이다.

③무색계無色界는 모든 물질적인 공간이나 조건에서 완전히 벗어난 세계이다. 즉 육체도 없고 욕망도 없는 순수한 정신적인 존재들이 살고 있다.

참고로, 지옥·축생·아귀·아수라·인간·천상에 윤회하는 육도 윤회는 초기경전에 등장하며, 아수라를 뺀 지옥·축생·아귀·인간·천상은 오취五趣 또는 오도五道라고도 한다.

4) 윤회의 원인

불교에서는 윤회의 원인을 갈애渴愛와 무명無明이라고 보고 있다. 부처님은 갈애를 '재생을 하게 하는 것'이라고 정의한다. 생·노사로 표현되는 윤회의 괴로움의 발생구조와 소멸구조를 밝히고 있는 십이연기에서는 무명을 윤회의 근본원인으로 들고 있다. 윤회는 흐름(相續, santati)이다. 그것도 찰나생·찰나멸의 흐름이다. 매 찰나 전개되는 오온의 생멸이 내생으로 찰나 생멸하여 흐르는 것이 윤회이다.

5) 인간의 삶과 죽음

불교에서는 번뇌의 업의 능력을 한마디로 표현하여 '업력業力'이라고 한다. 따라서 인간의 탄생 조건은 첫째, 부모의 화합이라는 물리적 조건과 둘째, 월경 주기의 적절함이라는 생리적 조건 외에도 셋째, 전생의 업력이 필수적으로 갖추어질 때(식의 화합, 간다르바의 도래) 생명체가 결성된다는 것이 불교의 생명관이다.[2] 여기에 대해 『아바다나 샤타카』에서는 다음과 같이 말하고 있다.

> 세간에서 전하는 대로 기원한다고 해서 아들이나 딸을 얻는 것이 아니라, 수태의 세 가지 조건이 갖추어질 때 아들이나 딸이 생긴다. 세 가지 조건이란 부모의 화합, 모친의 월경 주기가 적절함, 간다르바가 도래함이다.

2 여기에 대한 내용은 정승석, 『인간학 불교』, 정우서적, 2006, p.69을 참조하였다.

위에서 언급한 간다르바Gandharva란, 건달바의 범어를 발음대로 옮긴 말이다. 인도의 고대신화에서 '간다르바'는 신과 인간의 양쪽 경계를 오가는 반半 신적 존재로서, 일종의 의사였다가 나중에는 온갖 종류의 악기를 연주하는 천상의 악사로서 음악 또는 유락의 신으로 간주되어 사람들에게 매우 친밀한 신격이 되었다. 인도 고대신화의 이 신은 후에 불교의 신앙으로 습합되었다. 지금은 『화엄경약찬게』에 등장하는 신중신으로도 나온다.

생명체의 결성에 대해 살펴보면, 업력은 어디에 또는 어떻게 보존되어 있는가 하는 의문이 일어난다. 오온蘊설에 의하면, 인간의 육체는 물질과 정신의 양면에서 두 방면의 힘이 얽혀 있는 복합체이다. 오온의 복합체인 육체가 파괴되더라도 그 오온의 작용에서 발생한 정신적인 힘은 사라지지 않고 존속한다. 이러한 힘을 '업력'이라고 부르고, 다시 사후에 오온으로 결합되지 않는 상태로 잠시 존속하는 업력을 '중유中有' 또는 '중음中陰'이라고 한다. 불교에서 윤회할 곳이 정해질 때까지 떠도는 영령을 중음신中陰身라고 부르는 것도 여기에서 유래한다. 이것을 육체의 구성 요소인 오온에서 찾는다면, 의식 활동의 총괄자인 식온識蘊이 가장 적합하다.

초기불교에서는 업력의 보존자를 식識 또는 식신識神으로 불렀으며, 이것을 '영혼'과 같은 의미로 사용하기도 하였다. 생명의 탄생에 관여하는 결정적인 요소는 식이라고 말할 수 있다.

부모의 정자와 난자가 화합하여 수정란이 생길 때, 거기에 아뢰야식이 화합하여 자신을 맡김으로써 생명체가 결정된다는 것이다. 그리고 여기서 아뢰야식이란 현생에 적용되는 중유의 다른 이름이다. 즉 새로운 생명체가 결정되는 찰나에 제 역할을 다한 중유는 그 이름을 상실하고, 아뢰야식이라는 이름으로 생명의 주체가 되는 것이다.

불교에서의 삶과 죽음의 의미는 무엇일까? 여기에 대해 간단하게 언급해 본다면, 생명의 탄생에 관여하는 결정적인 요소들은 간다르바 → 중유 → 식識 → 아뢰야식 등이다. 이 중에서 생명의 필수 요소로서 가장 일반적으로 통용된 것이 식이다. 따라서 이 식은 인간의 죽음에서도 결정적인 요소가 된다. 그렇기 때문에 불교에서는 육체의 파괴만을 죽음으로 생각하지 않으며, 죽음을 존재의 끝이라고 생각하지 않는다. 그리고 육체적 기능보다도 정신적 기능의 소멸이 죽음을 결정하는 요인이라고 생각한다. 따라서 정신적 기능을 산출하는 마음의 상태에 따라 죽음도 극복할 수 있다고 하는 것이 불교의 관점이다.

◇문제 풀어보기

1. 다음 윤회에 대한 설명 중 옳지 않은 것은?

① 생사生死의 반복을 나타내는 말로서 어원적으로는 '끊임없는 헤매임'이라는 의미를 가지고 있다.

② 팔리어 경전에서는 끊임없이 부침하고 있는 생사의 바다를 나타내는 용어로 사용되고 있다.

③ 해탈을 얻지 못한 무지한 중생은 영겁永劫의 세월을 영속하여 윤회한다.

④ 중생의 윤회는 그 처음의 시간도 마지막 끝나는 순간도 알 수가 없다.

2. 다음 중 업의 종류가 아닌 것은?

① 신업　② 구업　③ 의업　④ 이업

3. 다음 중 윤회의 원인을 모두 고르시오.

① 갈애　② 육처　③ 무명　④ 명색

4. 다음 중 윤회에 해당되지 않는 것은 무엇인지 고르시오.

① 업으로 야기되는 것　② 생명 순환의 무한성

③ 인간이 다른 종으로 태어남　④ 순환의 유한성

5. 다음 중 삼계에 해당하지 않는 것은?

① 무색계 ② 육계 ③ 색계 ④ 욕계

6. 부처님은 "만약 고의로 업을 지음이 있다면 반드시 그 과보를 받으니, 혹 현세에 받기도 하고, 혹 후세에 받기도 한다."라고 말씀하셨다. 여기서 알 수 있는 불교의 사상은?

① 삼법인 ② 사성제 ③ 팔정도 ④ 업설(윤회)

7. 불교의 업설業說에 대한 설명으로 거리가 먼 것은?

① 인간의 의지적 작용과 행위를 말하며, 거기에는 반드시 과보가 따른다고 설한다.

② 전생의 업業에 따라 현생에 과보를 받거나, 현생의 업에 따라 내생(다음 생)에서 과보를 받는다.

③ 나쁜 일을 저지르고도 잘 사는 사람이 있으므로 현세現世의 테두리 안에서 최선을 다해야 한다.

④ 한 가지 행동이 다른 행동을 일으키는 원인이면서 동시에 결과가 될 수 있는 양면성을 지니고 있다.

8. 다음은 불교의 업설에 대한 설명이다. 가장 올바른 것은?

① 권선징악勸善懲惡을 위한 통속적인 교화방편설이다.

② 선의지善意志에 기초한 창조적 노력을 강조한다.

③ 일종의 숙명론으로서 체념과 달관을 강조한다.

④ 삼세업보설三世業報說로서 육도六道윤회설과 무관하다.

9. 다음 십선업十善業 중에서 몸으로 짓는 선업善業에 해당하는 것이 아닌 것은?

① 불망어 ② 불사음 ③ 불투도 ④ 불살생

10. 다음 용어에 대한 설명이 틀린 것은?

① 법法: 원어는 '다르마Dharma'이며, '변화'를 나타내는 뜻이다.

② 업業: 원어는 '까르마Karma'이며, '의도를 가진 행동'이란 뜻이다.

③ 윤회輪廻: 원어는 '삼사라saṁsāra'이며, '함께 흘러가는 것'이라는 뜻이다.

④ 상속相續: 원어는 '산타티santati'이며, '흐름'을 뜻하는 것으로 내생으로 연결되어 태어나는 것을 말한다.

11. 힌두교의 윤회와 불교의 윤회를 설명한 것이다. 맞지 않는 것은?

① 힌두교에서는 불변不變하는 아뜨만(自我)이 있어서 금생에서 다음 생으로 다시 육신을 얻는 자아의 윤회이다.

② 부처님은 불교의 윤회를 무아無我의 윤회라고 하셨다. 불교에서 말하는 윤회는 서로 서로 조건 지워져서 생멸生滅 변천變遷하고 천류遷流하는 일체법의 연기적 흐름을 뜻한다.

③ 불교에서는 금생의 흐름(相續)이 내생으로 연결되어 다시 태어나는 것을 윤회라고 부른다.

④ 중생이든 부처님이든 윤회의 굴레는 벗어날 수가 없다.

12. 윤회에 대한 불교와 힌두교의 차이점으로 거리가 먼 것은?

① 힌두교의 윤회는 심장과 관련이 있다고 보았다. 즉 심장과 심장의 전이轉移이다.

② 힌두교의 윤회관은 금생의 심장 허공에 머물던 자아가 죽으면 그대로 내생의 자아 심장으로 옮겨가는 것이다.

③ 불교의 윤회관은 갈애를 근본원인으로 한 오온·십이처·십팔계의 흐름(상속)이다.

④ 연기법의 역관인 환멸연기는 윤회를 초래하는 과정을 설명하는 연기이다.

13. 다음에 윤회에 대한 설명이다. 관계가 먼 것은?

① 갈애(愛, taṇhā)와 무명(無明, avijjā)이 윤회의 원인이다.

② 십이연기에서는 무명을 윤회의 근본원인으로 들고 있다.

③ 매 찰나 전개되는 오온의 생멸이 내생으로 찰나생멸하며 흐르는 것이 윤회이다.

④ 부처님은 윤회를 설하지 않으셨다. 따라서 윤회는 비과학적인 세계관이다.

14. 다음 〈보기〉 중에서 업業에 대한 설명이 바르게 묶여진 것은?

ㄱ. 업은 산스크리트어 까르마(karma)를 번역한 말로 '무엇을 짓다' 라는 의미이다.
ㄴ. 우환이 닥쳤을 때 업보業報 때문이라고 말하는 것처럼 업은 악업만을 의미한다.
ㄷ. 업에는 반드시 원인이 있고 그에 상응하는 결과가 뒤따르게 된다.
ㄹ. 선행을 하면 선업을 받고, 악행을 하면 악업을 받는 것이 인과응보의 이치이다.
ㅁ. 업은 자신의 행위에 대한 것을 말함으로 몸으로 짓는 것만을 업이라고 한다.

① ㄱ, ㄷ, ㄹ ② ㄱ, ㄴ, ㅁ ③ ㄴ, ㄷ, ㄹ ④ ㄷ, ㄹ, ㅁ

15. 같은 무리의 사람들이 같은 행위를 하고 그 과보도 함께 받는 것을 말하는 것은?

① 신업身業 ② 공업共業 ③ 의업意業 ④ 구업口業

※ 업業의 범어는 까르마karma이며, '의도를 가진 행동'을 뜻한다. 삼업이란 신구의身口意 삼업을 말한다. 공업이란 서로가 공통으로 과보를 받는 업을 말한다.

〈생각해 봅시다〉

1. 업業에는 어떤 의미가 있으며, 삼업三業과는 어떤 연관성이 있을까?

2. 십선업十善業과 십악업十惡業의 핵심은 무엇이며, 우리의 삶과 어떻게 연관 지을 수 있을까?

3. 윤회란 무엇이며, 육도六度는 어떤 세계인가? 불교와 힌두교에서 보는 윤회는 어떤 차이가 있을까?

• 제7강 •

번뇌의 원인은 무엇인가

- 삼독과 사종탐

우리의 마음을 괴롭히고 해치는 3가지 독은 무엇이며, 인간은 무엇에 탐착하는가? 우리의 마음을 괴롭히고 해치는 3가지 독(三毒)이란 무엇인가? 『열반경』에는 삼독을 이렇게 말하고 있다. "탐욕과 성냄과 어리석음에 덮여 있기 때문에 본성本性을 보지 못하는 것이다."

1. 삼독의 의미

『대승의장』에 의하면, 탐·진·치의 삼독三毒이란 세 가지의 번뇌를 말하는데 삼화三火 또는 삼구三垢, 삼도三道라고도 하며, 중생을 해치는 악의 근본이므로 삼불선근三不善根 이라고도 한다. 일반적으로 평범한 사람의 경우에서 보면, 탐貪이란 사물을 지나치게 탐하는 욕심(貪慾)을 말한다. 그리고 진瞋이란 노여움이란 뜻이며, 모든 것을 감정적으로 결정하고 올바른 가치판단을 하지 못하는 상태를 말한다.

치癡란 어리석다는 뜻이며, 자기 마음대로 매사를 판단하고 남을 업신여기며 잘난 체하는 마음(慢心)을 일으키고 있는 상태를 말한다. 이 세 가지를 불교에서는 삼독三毒이라고 한다. 이 삼독은 번뇌의 근본이 될 뿐만 아니라, 우리 중생의 마음을 해치는 것이 마치 세 마리의 독사와 같다고 하여 그렇게 부르고 있다. 이 세 가지의 종류(煩惱)는 모든 번뇌 중에서 가장 큰 것이며, 일체 번뇌의 근본이고, 일체 번뇌를 다 갖추고 있기 때문에 중생의 심신(心身: 마음과 몸)을 지금 세상(今世)과 다음 세상(後世)에 걸쳐서 해치고 피해(毒)를 주기 때문에 삼독이라고 한다.

부처님은 율장에서 이 삼독으로부터 발생한 화재의 양상을 "모든 것은 타오르고 있다. 탐욕의 불로, 혐오의 불로, 무지의 불로 타오르고 있다. 탄생, 노쇠, 죽음, 한탄, 슬픔, 고통, 번민의 불로 타오르고 있다."라고 설하고 있다.

> 탐욕의 불·성냄의 불·어리석음의 불에 타는 것이며, 나고 늙고 병들고 죽음·근심·탄식·걱정·괴로움·불안 등에 불타는 것이다.
> (『대보적경』)

이 삼독이란, 인간의 마음속에 자리 잡고 있는 근원적인 번뇌는 탐욕과 분노 및 어리석음으로서 그것들이 까닭 없이 수시로 일어나 작용함으로써 인간을 괴로움의 수렁으로 몰고 간다는 것이다. 물론 여기에서 까닭 없이 일어난다고 했지만, 실제로 이 번뇌들이 일어나는 것은 오랜 세월 자신의 욕망에 따라서 함부로 처신하던 생활이 몸에 배어 습관화된 결과이다.

『숫타니파타』 등의 초기경전을 보면 부처님께서는 "자신의 행복을 구하는 사람은 자신의 화살을 뽑아라."고 말씀하고 있다. 화살의 성분을 분석하고 괴로워하면서 딴청을 피우지 말라는 말씀이다. 내 삶의 문제를 해결하기 위해서는 10가지 물음처럼[1] 무의미한 질문을 할 것이 아니라, 올바른 이해를 바탕으로 수행을 해야 한다. 그 중에서도 탐·진·치라는 삼독의 화살을 뽑는 일이 바로 행복에 이르는 길임을 부처님께서는 강조하셨다. 그러면 부처님께서 45년간 항상 강조하신 세 가지 번뇌인 삼독으로부터 마음을 다스리는 방법에 대하여 살펴보자. 『잡아함경』 43권 1165경의 「빈두로경賓頭盧經」에서는 삼독을 다스리는 방법을 다음과 같이 설하고 있다.

> 너희들은 마땅히 감각기관의 문을 잘 지켜 보호하고 그 마음을 잘 거두어 잡아야 한다. 혹 눈이 빛깔을 볼 때에도 그 빛깔 모양을 취하지 말고, 좋은 형상을 따라 취해 그것을 굳세게 집착하지 말라. 만일 눈을 잘 거두어들이지 않으면 곧 세상에 대한 탐욕과 애욕과 악하고 착하지 않은 법이 그 마음에서 새어 나올 것이다. 그러므로 너희들은 눈의 계율을 받들어 지녀야 한다. 귀로 소리를 듣고, 코로 냄새를 맡으며, 혀가 맛을 보고, 몸으로 감촉을 느낄

---

1 무의미한 10가지 질문은 다음과 같다. 즉 세계는 영원한가? 영원하지 않은가? 세계는 끝이 있나? 없나? 영혼 또는 생명은 육체와 동일한가? 영혼과 육체는 별개의 것인가? 부처님(여래)은 사후에 존재하는가? 존재하지 않는가? 존재하며 존재하지 않기도 하는가? 결코 존재하지 않으며 존재하지 않는 것도 아닌가?

때에도 마찬가지이며, 뜻으로 법을 알 때에도 뜻의 계율을 받들어 지녀야 한다.

여기서 우리 범부중생들도 몸을 잘 단속하고, 모든 감각기관을 잘 거두어 단속하며, 생각을 오로지 해서 생활한다면 탐욕과 성냄과 어리석음이 일어나 그 마음을 태우지 않는다는 것을 알려주고 있다.

부처님 당시에 삼독三毒의 불로 자칫 큰 싸움으로 번질 사건이 있었다. 그것은 바로 꼴리야족과 석가족 간의 물싸움이다. 이때 부처님은 석가족과 꼴리야족들에게 다음과 같이 설법으로 중재하고 있다.

"친족들은 서로 화목해야 합니다. 친족이 화목하면 어떤 적들의 침략도 막아낼 수 있습니다. 저 히말라야의 숲을 보십시오. 거센 태풍이 불어도 저 숲은 온전합니다. 수많은 나무와 잡초, 덤불과 바위가 서로 뒤엉켜 의지한 저 숲은 무엇 하나 다치지 않습니다. 하지만 넓은 들판에 홀로 선 나무를 보십시오. 굵은 가지와 무성한 잎을 자랑하지만 태풍이 휩쓸고 가면 뿌리째 뽑힙니다. 감정이 없는 풀과 나무도 함께 어울려야 위험에서 벗어날 수 있는 것을 아는데, 하물며 사람이겠습니까?

두 부족의 여러분에게 말하겠습니다. 부디 싸우지 말고 한마음이 되십시오. 하나가 되어 화목할 때 여러분은 행복할 수 있습니다. 서로 미워하면 결국 파괴와 상처만 남습니다. 이제 다 같이 평화를 배워야 합니다. 평화는 모든 성자들이 찬탄하는 것입니다. 평화와 정의를 사랑하는 부족만이 번영할 수 있다는 것을 명심하십시오."

합장하고 귀 기울이는 군주들에게 부처님은 게송을 설하셨다.

"원한을 품은 사람들 속에서 원한을 버리고 즐겁게 삽시다.
원한을 품은 사람들 속에서 우리는 원한에서 벗어납시다.
고뇌하는 사람들 속에서 고뇌에서 벗어나 즐겁게 삽시다.
고뇌하는 사람들 속에서 우리는 고뇌에서 벗어납시다.
탐욕이 가득한 사람들 속에서 탐욕에서 벗어나 즐겁게 삽시다.
탐욕이 가득한 사람들 속에서 우리는 탐욕에서 벗어납시다."
(『부처님의 생애』 중)

이처럼 부처님은 일촉즉발의 위기상황으로 치달았던 석가족과 꼴리야족의 물싸움 분쟁의 현장을 직접 찾아가서 해결하셨다. 이 삼독三毒은 삼학三學으로 없앨 수 있다. 계율을 지키는 것으로 탐욕을 다스리고, 선정에 드는 것으로 분노(진에嗔恚)를 다스리고, 연기緣起와 공空의 지혜를 닦는 것으로 어리석음(치癡)을 다스린다. 삼학의 의미를 바르게 아는 것을 문혜聞慧라 하고, 올바른 것인지 생각하는 것을 사혜思慧라 하며, 수행을 통해 번뇌를 소멸하는 것을 수혜修慧라고 한다.

1) 탐(貪: 욕심)

탐욕은 세분하면 열 가지 욕심이다. 그런데 이 탐욕(貪)은 깨끗한 맑은 물에 물감이 풀어져 있는 상태와 같아서, 그 물에는 자신의 얼굴을 비추어 볼 수가 없듯이 탐욕에 물든 마음으로는 본성을 바로 볼 수가 없다. 이런 경우 물을 정화시켜야 하는 것처럼 자신의 탐욕을 다스려야 한다. 곧 작은 것에 만족할 줄 알고, 필요 이상을 바라지 않을 때 마음은 자연히 정화되어 갈 것이다.[2]

부처님께서는 탐욕을 다스리기 위한 첫 번째 덕목이 베푸는 일임을 늘 강조하셨다. 팔정도에는 보시가 나오지 않으니 초기불교가 보시의 덕목을 가르치지 않는다고 생각하면 안 된다. 부처님께서 재가자들에게 강조한 수행의 기본적인 자세가 바로 보시이다. 그리고 지계와 수행을 말씀하시고 계신다. 부처님은 이처럼 보시, 지계, 수행의 3가지를 차례로 닦아야 하는 재가자의 덕목으로 가르치셨다. 재가자뿐만 아니라 출가한 수행자들도 보시를 한다. 출가자들은 원래 재산을 지니지 않으므로 이때의 보시는 법보시라고 할 수 있다.

사람들을 가르치며 지도하고 스스로를 수행으로 단련시킨다. 이처럼 법을 나누는 것도 우리 마음속의 탐욕을 덜어내는 중요한 일 가운데 하나이다. 이처럼 보시에는 자신의 재물을 나누는 재보시와 법을 나누는 법보시가 있다. 재시財施와 법시法施 말고 또 하나 중요한 보시가 바로 무외시無畏施이다. 무외시란 다른 사람이 불편해하고 힘들어하고 두려워할 때, 그 불편하고 힘들고 두려워하는 마음을 덜어주는 보시이다. 남에게 따뜻한 말 한마디를 건네거나 온화한 표정 한번 짓는 것도 무외시이다. 어떤 문제로 두려움에 떨고 있는 사람에게 "세상은 너 혼자가 아니야. 우리 모두가 함께 그 문제를 풀어갈 수 있어."라고 진정한 마음으로 따뜻한 위로의 말 한마디 건네는 것이 바로 무외시이다. 사실은 무외시도 내 마음이 넉넉해야 나올

2 계환(2007), p.62.

수 있다. 내 마음속의 두려움을 극복할 수 있는 방법을 잘 알고 내 마음이 안정된 후에야 다른 사람의 마음을 안정시킬 수 있기 때문이다. 무외시를 가장 잘 실천했던 분이 바로 부처님이었다. 부처님께서 오른손을 접어올리고 다섯 손가락을 곧게 펴서 손바닥이 정면을 향하게 한 형태의 불상의 손 모양을 바로 시무외인이라고 하는데, 이는 무외시의 표현방식 가운데 하나이다.

2) 진(瞋: 성냄, 분노)

『법구경』「분노품」에서는 성냄(瞋)에 대해 "분노하면 법을 보지 못하고 분노하면 도를 알지 못한다. 그러므로 분노를 잘 없애는 사람은 복과 기쁨이 늘 그 몸을 따른다."라고 설하고 있다. 또 "성내는 마음 스스로 억제하기를 마치 달리는 수레를 멈추듯 하면 그를 훌륭한 길잡이라 하리니, 어둠을 버리고 밝은 데로 들어간다." 그러므로 "속이지 마라, 성내지 말라. 많음을 구해 탐심을 내지 말라. 이 세 가지를 법답게 행하면, 죽어서 곧 천상에 날 것이다."라고 설한다.

『잡아함경』 제7권 187의 「탐욕경貪欲經」에서는 탐욕에 대하여 다음과 같이 설하고 있다.

> ① 한 법을 성취함으로써 색의 무상함을 알지 못하고, 수·상·행·식의 무상함을 알지 못한다. 한 법을 성취한다는 것은 무엇인가? 이른바 탐욕이라는 한 법을 성취함으로써 색의 무상함을 알지 못하게 되고, 수·상·행·식의 무상함을 알지 못하게 된다.
> ② 한 법을 성취함으로써 색의 무상함을 알게 되고, 수·상·행·식의

무상함을 알게 된다. 한 법을 성취한다는 것은 무엇인가? 이른바 탐욕이 없음을 성취하는 것이니, 탐욕의 법이 없는 사람은 능히 색의 무상함을 알 수 있고, 수·상·행·식의 무상함을 알 수 있다.

위 경문의 내용에서 ①은 탐욕의 상태를 말하고, ②는 탐욕에서 벗어난 경지를 뜻한다. 비유하면, 성냄(瞋)은 마치 물이 펄펄 끓고 있는 상태와 같다. 끓는 물에는 얼굴이 비치지 않듯이, 분노로 가득 찬 마음에는 아무것도 보이지 않는다. 이때는 먼저 불을 끄고 물을 다른 곳으로 옮겨 놓아야 한다. 그냥 무조건 화난 마음을 참으려고 하면 힘껏 누른 용수철이 오히려 더 높이 튀어 오르듯이 언젠가는 폭발하고 만다. 그러니 단순히 참으려고만 하지 말고, 상대방의 입장에서서 내가 한 행동을 한번 바라보아야 한다. 상대방의 입장이 되어 보는 것이다. 그러면 상대방의 입장도 이해가 되고 화도 저절로 풀리게 된다.[3]

탐貪·진瞋·치痴 3가지 근본번뇌 가운데 화살의 비유에 가장 잘 어울리는 것은 성냄이라는 번뇌이다. 따라서 우리가 세상을 살아가면서 분노나 성냄이라는 화살을 맞지 않으려면 우선 인내심이라는 갑옷을 입어야만 한다. 화를 극복하는 가장 효과적인 방법은 자비심, 그것도 조건 없는 자비심을 일으키는 것이다. 부처님께서는 원수를 죽이는 가장 효과적인 방법이 원수에 대한 미워하는 감정을 없애는 것이라고 말씀하셨다. 누군가 나에게 원한을 품었을 때, 내가 그 사람에게 똑같은

3 계환(2007), p.62.

원한을 품는다고 해서 그 원한이 사라지진 않는다. 원한은 오직 원한을 버릴 때만 사라진다. 이것이 『법구경』에서 부처님께서 이르신 말씀이다.

3) 치(痴: 어리석음, 그릇된 견해)

『법구경』에는 어리석음에 관한 말씀이 있다. 그 내용을 살펴보면, 우리가 잘 알고 있는 "잠 못 드는 사람에게 밤은 길어라. 피곤한 사람에게 길은 멀어라. 바른 법을 모르는 어리석은 사람에게 아아, 생사의 밤길은 길고 멀어라."라는 내용과 또 "그릇된 죄가 아직 익기 전에는 어리석은 사람은 꿀같이 생각한다. 그릇된 죄가 한창 익을 때에야 어리석은 사람은 비로소 고통스러워한다."는 말씀 등이다.

비유하면, 어리석음(癡)은 마치 오래된 물에 이끼가 낀 상태라고 할 수 있다. 수초와 이끼로 가득찬 물에는 사물이 똑바로 비칠 수 없다. 마찬가지로 잠에 취한 듯 현실을 방관해버리는 마음으로는 참된 진리를 찾지 못한다. 그러므로 우리 중생들은 어리석은 마음이 침범하지 않도록 항상 자정自淨의 노력을 해야 하는 것이다. 위와 같은 삼독의 불길이 완전히 꺼진 상태를 열반이라 하고, 바로 그 열반을 향하여 수행을 하는 것이다. 수행정진은 모든 집착의 뿌리인 삼독심을 제거하고 불성을 찾고자 하는 데 그 목적이 있다.[4]

어리석음의 화살은 근본적으로 뽑아야 하는 화살이다. 바른 이해를 공부하는 이유도 바로 어리석음을 덜어내기 위한 것이다. 하지만

---

4 계환, 앞의 책, 같은 곳.

어리석음의 화살을 뽑아낸다는 것은 말처럼 쉬운 일이 아니다. 어리석음에는 2가지가 있는데, 그 하나는 자기가 어리석다는 사실을 아는 정도의 어리석음이고, 다른 하나는 자기가 어리석은 줄도 모르는 어리석음이다. 그렇다면 어떤 것이 더 위험할까? 당연히 자신이 어리석은 줄도 모르는 무지가 훨씬 더 위험한 것이다. 옛날 현인들은 자기가 뭔가를 모르고 있다는 사실을 잘 알았던 분들이다. 소크라테스(Socrates, BC.470~BC.399)는 델포이 신전에 있는 말을 인용하며 "너 자신을 알라!"고 말했다. 이 말은 "자신의 무지에 대해서 너는 알고 있느냐?" 하는 반문이라고 한다. 우리가 무엇을 알고 있다고 생각할 때, 정말 그것을 알고 있는 것인지, 아니면 잘 모르면서 그냥 안다고 생각하는 것인지 확인할 필요가 있다는 말이다. 공자는 앎과 모름에 대해서 이렇게 말한다. "자기가 알고 있는 것은 '안다'고 분명히 말하고, 모르는 것은 '모른다'고 분명히 말하는 것, 이것이 바로 아는 것이다(知之爲知之 不知爲不知 是知也)." 알고 모르는 것에 경계를 분명히 하는 것이 바로 아는 것이라는 뜻이다.

2. 탐욕의 4가지 성질인 사종탐

사종탐四種貪은 탐욕의 네 가지를 말한다. 즉 첫째, 현색탐顯色貪은 사람의 몸에 나타나는 청·황·적·백 등의 색채에 탐착함을 말한다. 즉 현색을 보고 일으키는 탐욕이다. 예를 들면 여자의 흰 피부를 보고 일으키는 욕심 따위이다. 둘째, 형색탐形色貪은 모양의 아름다움을 탐착함을 말한다. 예를 들면 길고·짧고·모나고·둥근 등의 형색에 대하여 일으키는 집착하는 마음이다. 셋째, 묘촉탐妙觸貪은 보드랍고 아름다운 촉각觸覺에 탐착함을 말한다. 즉 좋은 것을 접촉하려고 하는 탐번뇌이다. 이를테면 여자의 부드러운 살결을 보고 만져보고 싶어 하는 것과 같은 탐욕이다. 넷째, 공봉탐供奉貪은 자기에게 공봉하는 태도를 보고 탐착심을 내는 것을 말한다. 즉 공봉하는 위의(거동, 행동)를 보고 일으키는 집착이다. 이를테면 시중드는 여자가 나를 섬기는 태도를 보고 일으키는 탐애 같은 것 등이다. 경전에서는 다음과 같은 구절이 있다. "색色에는 두 가지 종류가 있으니, 현색顯色과 형색形色이다. 현顯이란 '푸름(靑)' 등이고, 형形이란 '긺(長)' 등이다."

3. 5가지 장애, 삼독의 또 다른 표현인 오개

오개五蓋는 범어로 pañca āvaraāni라 하며 5장障이라고도 한다. 개蓋는 개부蓋覆한다는 뜻이다. 5법法이 있어 능히 심성心性을 가리워 선법善法을 낼 수 없게 한다. 첫째, 탐욕개貪欲蓋는 오욕에 집착함으로써 심성을 가린다. 둘째, 진에개瞋恚蓋는 성내는 것으로써 심성을 가린다. 셋째, 수면개睡眠蓋는 마음이 흐리고 몸이 무거워짐으로써 심성을 가린다. 넷째, 도회개掉悔蓋는 마음이 흔들리고 근심함으로써 심성을 가린다. 다섯째, 의법(疑法: 의개疑蓋라고도 함)은 법에 대하여 결단이 없이 미룸으로써 심성을 가린다(덮는다).

부연 설명하면, 오개는 5가지 장애라고도 한다. 첫째로 탐욕개貪欲蓋는 감각적 욕망, 탐욕이다. 이것은 오욕에 집착함으로써 심성이 가려지고 감각적이고 본능적인 욕망에 뒤덮히는 것이다. 단순히 본능적 탐욕만이 아니라 육근에 투영되는 육진(즉 육경) 모두에 대한 탐착으로, 즐거움에 빠질 수 있는 모든 감각대상에 대한 집착이 바로 탐욕개이다. 둘째로 진에개瞋恚蓋는 성냄, 악의 이다. 성내는 것으로써 심성을 가리는 것이며 '바라고 싶지 않은 것에 대한 혐오감'이 성냄의 씨앗이 된다. 지혜롭지 못하게 하여 성냄을 일으키며 악의는 더욱 커지게 된다. 셋째로 수면개睡眠蓋는 졸림, 혼침 등이다. 마음이 흐리고 몸이 무거워짐으로써 심성을 가린다. 이것은 무기력하고 무감각하여 마비된 것 같은 상태이다. 자신의 마음이 흐려져 해야 할 일에 싫증이나 권태를 느끼는 등의 현상이 나타난다. 명료하지 못한 의식으로 모든 일에 지루함을 느끼고 성취할 수 없다는 퇴굴심을 갖게 되며, 이로 인해 '나태와 무기'가 더 커지게 된다. 넷째로 도회개掉悔蓋는 불안정감과 걱정이다. 마음이 흔들리고 근심함으로써 심성을 가린다. 어떠한 상황을 그 반대의 경우로 잘못 알아 걱정하고 안절부절 하는 등 지나치게 세심한 경우 생기는 마음의 상태를 말한다. 정신적인 불안정 상태는 중생들이 바르지 못한 생각들을 할 때 일어나며, 그 결과 악을 낳기도 한다. 다섯째로 의법疑法은 회의적 의심이다. 법에 대하여 결단이 없어 미룸으로써 심성을 가린다. 정립되지 않은 혼란된 생각, 선명하지 않은 불확실한 마음으로 지혜가 결여된 상태이다.

이렇듯 오개五蓋는 반드시 팔정도 수행을 통해서 제거해야 될 5가지 장애이다.

◆ 문제 풀어보기

1. 불교의 번뇌론의 특징으로, 지적인 면에서의 무지가 근본적인 원인이 되어 번뇌가 생긴다고 하는 것은 다음 중 어떤 것과 관련 있는 내용인지 고르시오.

① 탐 ② 진 ③ 치 ④ 현색탐 ⑤ 형색탐

2. 다음 중 불교의 삼독에 대한 설명으로 올바르지 못한 것을 고르시오.

① 삼독은 자신의 아집에서부터 유래한다.
② 삼독 중 '탐'은 자신이 즐기는 대상을 탐내는 것이다.
③ 삼독 중 '진'은 내 자신이 아닌 남으로부터 유래하는 것이다.
④ 삼독 중 '치'는 어리석음과 연관되어 있다.
⑤ 삼독을 극복하게 되면 고苦를 떠나서 열반의 경지에 도달할 수 있다.

3. 다음 중 사종탐四種貪에 대한 설명으로 올바르지 못한 것을 고르시오.

① 현색탐은 색깔과 관련된 탐욕이다.
② 형색탐은 모양의 아름다움과 관련된 탐욕이다.
③ 묘촉탐은 보드라운 촉각에 관련된 탐욕이다.
④ 공봉탐은 좋은 냄새와 관련된 탐욕이다.
⑤ 사종탐은 삼독 중 탐과 관련된 것이다.

4. 다음은 사종탐에 대한 설명이다. 거리가 먼 것은?

① 공봉하는 위의, 즉 거동이나 행동을 보고 탐애를 일으키는 것이다.
② 현색탐은 모양의 아름다움을 탐착하는 것을 말한다.
③ 탐욕의 4가지를 말한다.
④ 보드랍고 아름다운 촉각觸覺에 탐착하는 것은 묘촉탐이다.

5. 다음 중 삼독에 대한 예시로 올바르지 못한 것을 고르시오.

① 탐: 도박을 하여 더 많은 돈을 벌려고 한다.
② 진: 층간소음 문제로 다툼을 하다 방화 사건이 벌어졌다.
③ 치: 종종 밤새도록 게임을 하여 다음날 수업시간 내내 존다.
④ 탐: 점심을 먹지 못해 배가 고파서 간식을 먹었다.
⑤ 치: 어리석음에 빠져 무리하게 사업을 확장한다.

6. 삼독을 없애기 위한 수행에 대한 설명으로 올바르지 못한 것을 고르시오.

① 삼독을 없애기 위한 수행으로는 팔정도八正道와 삼학三學이 있다.
② 팔정도란 여덟 가지의 올바른 수행법을 뜻한다.
③ 삼학에는 계戒·정定·혜慧를 들 수 있다.
④ 삼학은 계로써 탐욕을 다스리고, 정으로써 어리석음을 다스리며, 혜로써 진에를 다스린다는 것이다.
⑤ 팔정도에는 바른 견해(正見)·바른 생각(正思惟)·바른 말(正語)·바른 행동(正業)·바른 생활(正命)·바른 노력(正精進)·바른 인식(正念)·바른 정신(正定)이 있다.

7. 다음 글을 읽고 ( ) 속에 들어갈 말을 쓰시오.(단답형 문제)

불교경전에서는 인간의 마음에서 일어나는 온갖 괴로움만큼 수많은 번뇌의 종류를 들고 있는데 그 중에서도 대표적인 것이 (①), (②), (③)의 (④)이다. 이 세 가지 번뇌는 다른 모든 번뇌의 원인이 된다고 하여 "(⑤)"라고도 불린다. 이 중에 특히 어리석음은 (⑥)이라고도 하는데 사성제와 연기 등의 진리를 알지 못하는 무지를 뜻한다. 이러한 지적인 면에서의 무지가 근본적인 원인이 되어 번뇌가 생긴다고 보는 것이 불교 번뇌론의 특징이다.

① ② ③ ④ ⑤ ⑥

8. 다음은 사종탐의 하나를 설명한 것이다. 보기가 설명하는 탐욕은?

사람의 몸에 청·황·적·백 등의 색채에 탐착하는 것이다. 즉 현색을 보고 일으키는 탐욕이다.

① 형색탐形色貪 ② 공봉탐供奉貪 ③ 묘촉탐妙觸貪
④ 현색탐顯色貪 ⑤ 근본탐根本貪

9. 다음 글을 읽고 (　　) 속에 들어갈 말을 차례대로 쓰시오. (단답형 문제)

(①)은 여자의 흰 피부를 보고 일으키는 욕심 따위를, (②)은 모양의 아름다움을 탐착하는 것이고, 좋은 것을 접촉하려고 하는 탐내는 번뇌는 (③)이다. 그리고 시중드는 여자가 나를 섬기는 태도를 보고 일으키는 탐애 같은 것은 (④)이다. 이것을 일러 (⑤)이라 한다.

①　　　②　　　③　　　④　　　⑤

10. 다음은 5가지 장애(五蓋)에 대한 설명이다. 맞지 않는 것은?

① 탐욕개貪欲蓋는 오욕에 집착함으로써 심성이 가려지는 것으로, 감각적이고 본능적인 욕망이다.

② 진에개瞋恚蓋는 성내는 것으로써 심성을 가리는 것이다.

③ 수면개睡眠蓋는 졸림, 혼침 등이다. 마음이 흐리고 몸이 무거워짐으로써 심성을 가린다.

④ 도회개掉悔蓋는 불안정감과 걱정 등이다. 마음이 흔들리고 근심함으로써 심성을 가린다.

⑤ 의법개疑法蓋는 확고한 마음이다. 정립되지 않은 혼란된 생각, 선명하지 않은 불확실한 마음으로 지혜가 결여된 상태이다.

11. 다음 중 5가지 장애가 아닌 것은?

① 감각적 탐욕　② 성내는 마음　③ 무기력한 혼침

④ 법에 대한 자존감　⑤ 불안정한 회의적 의심

12. 삼독 중 이것은 맑은 물에 물감이 풀어져 있는 상태와 같으며, 필요 이상을 바라지 않을 때 마음이 정화될 수 있다. 이것은 무엇인가?

① 탐貪 ② 진瞋 ③ 치痴 ④ 무명 ⑤ 업설

13. 사종탐은 삼독의 세 가지 독 중 무엇을 세분화하고 있는 것인가?

① 진瞋 ② 치痴 ③ 탐貪 ④ 연기 ⑤ 무아

14. 삼독 중 이것은 마치 물이 펄펄 끓고 있는 상태와 같으며, 3가지 근본번뇌 가운데 화살의 비유에 가장 잘 어울리는 것이며, 상대방의 입장이 되어 보면 자연히 마음이 풀리게 된다. 이것은 무엇인가?

① 치痴 ② 탐貪 ③ 무지無智 ④ 진瞋 ⑤ 상속相續

15. 다음은 부처님의 생애 중에 있었던 일이다. B.C.E.584년의 어떤 나라와 물싸움을 해결하실 때 하신 말씀이다.(대한불교조계종교육원, 『부처님의 생애』, 조계종출판사) 어느 나라인가?

원한을 품은 사람들 속에서 원한을 버리고 즐겁게 삽시다.
원한을 품은 사람들 속에서 우리는 원한에서 벗어납시다.
고뇌하는 사람들 속에서 고뇌에서 벗어나 즐겁게 삽시다.
고뇌하는 사람들 속에서 우리는 고뇌에서 벗어납시다.
탐욕에서 벗어나 즐겁게 삽시다.
탐욕이 가득한 사람들 속에서 우리는 탐욕에서 벗어납시다.
이제 평화를 배워야 합니다. 평화는 모든 성자들이 찬탄하는 것입니다.

① 사카족과 꼴리야족 ② 꼬살라와 사카족
③ 꼴리야족과 마가다국 ④ 꼬살라와 맛사까족

〈생각해 봅시다〉

1. 삼독의 핵심은 무엇인가? 삼독에서 벗어나는 방법에 대해 생각해 보자.

2. 오개의 특징에 대하여 생각해 보자.

• 제8강 •

부파불교와 대승불교

- 대승불교의 실천수행법인 육바라밀

1. 부파불교

부파불교(部派佛教, hīnayāna)는 석가모니 부처님 입멸 후 100년경에 원시불교가 분열을 거듭하여 20여 개의 교단教團으로 갈라진 시대의 불교의 총칭이다.

부파불교는 근본불교[1] 시대 이후로부터 대승불교가 성행하기 전까

---

1 근본불교란 고타마 붓다가 생존해 있던 당시의 불교만을 한정하여 부르는 용어다. 대체로 초기불교를 근본불교와 원시불교로 세분할 때, 후자는 붓다의 입멸 이후부터 아소카왕 즉위 이전의 300년경까지를 지칭한다. 부파불교 시대는 근본불교 이후로부터 대승의 중흥기 전까지를 말하며, 소승불교·소승불교·아비달마불교·성문불교라고도 한다. 시대적으로는 기원전 300년경부터 기원전 100년까지라고 본다. 대승불교는 기원전 100년경 또는 서기 1세기경을 그 시발점으로 한다. 인도불교의 시대적 흐름을 나열해 본다면 근본불교-원시불교-부파불교-대승불교 순이다.

지를 말하는데, 대략 기원전 300년경부터 기원전 100년경까지를 부파불교 또는 아비달마불교 시대라고 한다. 부파불교의 특징은 부처님의 가르침(법)에 대해서 연구 해석을 가했다는 점이다. 즉 부처님이 설한 법에 대한 심층적인 연구를 통해 교학의 발전을 가져왔으며 많은 논서를 만들어냈던 것이다. 이러한 법에 대한 연구를 범어로는 '아비다르마abhidharma'라 하고 이를 한역한 것이 아비달마이다. 그래서 부파불교를 또한 '아비달마불교'라고도 한다. 아비abhi는 '공경하고 결택한다'는 의미이고, 다르마dharma는 '진리, 곧 물질과 정신세계를 모두 포함한 법(연기법)'을 의미한다.

2. 대승불교

대승은 큰 수레(Mahāyāna)의 번역이다. 기원 1세기를 전후하여 인도에서 발흥한 혁신적인 불교운동을 대승불교라 한다. 여기에는 '부처님의 가르침으로 돌아가자'는 사상운동이 하나의 배경이 되었다. 붓다(佛) 이래로 출가자가 불교 교단의 중심이었으나, 부파불교의 여러 문제점들에 대한 비판이 나타나면서 재가자(불교를 신봉하는 일반인)들이 적극적으로 교단활동에 참여하면서 나타난 불교 형태이다. 대승불교의 홍기와 더불어 불전문학인 찬불승讚佛乘이 확립되는데, 이때 문학과 음악에도 조예가 깊은 마명보살[2]이 등장한다.

2 마명(馬鳴, Aśvaghoṣa)은 대략 기원후 2세기경의 인물로 인도 산스크리트 문학 최초의 불교 시인이다. 북부 인도의 브라만교 출신으로 불교에 귀의하여 보살의 칭호를 얻었다. 부처님의 생애를 다룬 서사시 『불소행찬佛所行讚』의 저자로 유명

대승불교의 특징은 출가 수행자들이 지나치게 전문적이고 철학적인 교학의 연구에만 몰두하고 불교 본연의 임무인 중생교화를 등한시하자, 이들로부터 구원의 손길을 받지 못한 재가신자들이 부처님의 유골을 모신 불탑을 중심으로 모여 신앙하는 새로운 형태의 불교가 나타나게 되었으며, 이러한 부처님에 대한 동경이나 찬양이 부처님을 점차 초인화하고 신격화하면서 새로운 종교운동으로 전개되었는데, 이것이 곧 대승불교의 시발이다. 다시 말해 부파불교의 전문화된 학문불교로부터 벗어나 실천적인 신앙으로 돌아선 것이 대승불교이다.

대승불교에서는 기존의 불교를 소승불교라고 불렀으며, 보다 많은 사람들을 구제할 수 있는 신앙적 주체로서의 이타적인 보살행을 강조하였다. 중생을 구제하겠다는 서원과 깨달음의 결과를 중생에게 돌리는 회향廻向, 곧 '상구보리上求菩提 하화중생下化衆生'을 이상적인 삶으로 하며, 이름에 걸맞게 다양한 수행방법을 제시하였는데, 이를 위해 보다 구체적으로 자비에 바탕을 둔 실천 덕목인 육바라밀을 중시하였다.

그러면 대승불교와 부파불교는 어떻게 다른가? 그 차이점에 대해서 살펴보자. 앞에서 언급했듯이 부파불교는 상좌부불교·아비달마불교·소승불교라고도 한다. 부파불교를 지칭하는 여러 가지 명칭 중의 하나가 바로 '소승'이라는 말이다. 이 말은 후에 대승에서 부파를 폄하해서 부른 말이다. 그러나 소승불교와 대승불교는 각기 다른 교리를

하며, 대승불교의 중요한 경전인 『대승기신론』의 저자로도 알려져 있다.

바탕으로 만들어진 두 개의 불교가 아니라, 어디에다 더 역점을 두었느냐 하는 차이가 있을 뿐이다.

3. 대승불교의 실천덕목인 육바라밀

육바라밀六波羅蜜은 육도六度·육종정행六種正行·육행六行이라고도 한다.

바라밀은 범어로 '파라미타pāramitā'인데 '완성' 또는 '피안에 이르다'는 뜻이다. 육바라밀은 생사의 고해를 건너 이상경理想境인 열반의 저 언덕에 이르는 여섯 가지 방편이다. 즉 보살이 수행하는 바라밀법의 6가지를 말한다.

①**보시(단나)바라밀(檀那波羅蜜)**: 자비로 널리 베푸는 행위. 즉 아무런 조건 없이 베풀어주는 자비의 실천을 말한다. 탐욕의 마음, 그리고 나만을 위한 이기심 등을 버리는 행위까지도 포함하고 있다. 그리고 최상의 보시는 상相에 머물지 않는 무주상無住相 보시이다. 즉 준다는 생각조차 없이 주는 마음이다. 내 마음 속에 잠재해 있는 복잡한 번뇌와 욕심을 없애기 위한 실천, 그것이 바로 진정한 의미의 보시이다. 즉 보시란 아낌없이 베푸는 삼륜청정三輪清淨·삼륜공적三輪空寂한 보시이다. 삼륜이 청정하다는 것은, 첫째로 보시하는 사람이 베풀면서도 베풀었다고 생색내는 마음이 없어야 하고, 둘째는 도움을 받은 사람 역시 도움을 받았다는 생각에 구애되지 않아야 한다. 셋째는 보시하는 물건 또한 청정해야 된다는 것이다. 이 3가지 요소가 서로 구애됨이 없이 청정해야 한다는 의미이다. 보시의 종류는 재시財施, 법시法施,

무외시無畏施가 있다. 탐욕을 버리는 가장 좋은 방법은 첫째는 지혜의 눈을 뜨는 것이요, 둘째는 행동으로 나의 것을 남에게 베풀어주는 마음이라 하였다.

인색한 사람은 하늘나라에 갈 수 없다. 어리석은 사람은 베풀 줄을 모른다. 그러나 현명한 사람은 베푸는 것을 좋아하나니 그는 그 선행으로 인하여 더 높은 세상에서 행복을 누리게 된다. (『법구경』「세속품」)

이상을 요약하면 다음과 같다.

〈표 12〉 보시의 종류와 무재칠시

재시財施	물질로써 남에게 베푸는 것
	무재칠시無財七施
	안시眼施: 따뜻하고 맑은 눈빛으로 바라보는 것
	안시顔施: 온화하고 웃는 얼굴로 대하는 것. = 화시和施
	언시言施: 부드러운 말로 감싸주는 것. = 언사시言辭施
	신시身施: 예의바르게 사람을 대하고 위로하는 것
	심시心施: 마음으로 위로하는 것. 즉 선심善心을 가지고 사람을 대하는 것.
	상좌시上座施: 지하철이나 버스 안에서 남에게 자리를 양보하는 것
	방사시房舍施: 사람들의 잠자리를 제공해 재워주는 것
법시法施	부처님의 말씀을 가르치고 깨우쳐 주는 것. 보시 중에 이 법보시가 최고로 수승하다. 왜냐하면 부처님의 법에 의하여 모든 부처님과 깨달음이 출현하기 때문이다.
무외시無畏施	정신적인 두려움을 없애주는 것

②지계(시라)바라밀(持戒波羅蜜): 지계는 계율[3]을 지키는 것, 즉 올바른 생활 규범을 갖는 것이다. 계율이란 한마디로 말하면 악惡을 경계하고 선善을 가르치는 불교의 윤리도덕이며, 모든 인간생활의 규범이라고 할 수 있다. 이 말은 법도에 맞게 사는 것을 말한다. 불교의 계율뿐만 아니라 국가의 법률과 사회의 도덕을 지키는 것까지 포함한다. 인내의 보살은 득과 실, 명예와 불명예, 칭찬과 비난, 즐거움과 괴로움이라는 세속사世俗事에 집착하지 않는다고 한다. 즉, 이것저것 따지고 가려 말하지 아니한다. 지계바라밀에 대해 경전에서는 다음과 같이 말한다.

> 이미 저질렀거나 아직 저지르지 않았거나를 막론하고 다른 사람의 단점은 일체 보지 말라. 이미 저질렀거나 아직 저지르지 않았거나를 따지고 가려 말하지 말고 나 자신의 잘못을 반드시 되돌아보아라. (『숫타니파타』)

> 마치 어두운 곳에서 불빛을 만난 것 같이 반드시 계율을 잘 지녀 지키도록 하라. 계율을 잘 지키면 마치 어두운 곳에서 불빛을 만난 것 같고, 가난한 이가 보배를 얻음과 같으며, 병든 이가 병이 나음과 같고, 갇혔던 이가 자유를 찾음과 같으리니, 계율은 너희들의 큰 스승인 줄 알라. 내가 이 세상에 더 머문다 해도 이것과 다름이 없느니라. (『열반경』)

> 그 사람의 현재의 모습을 보면 전생을 알 수 있고, 그 사람의

3 계율戒律: 경계하고 규율 있게 한다는 뜻이다.

지금의 행위를 보면 내생을 알 수 있다. (『삼세인과경』)

부처님이 반열반에 들기 직전, 전생의 과보로 등창이 생겨 고생하셨다는 내용이 『전생담』에 실려 있다. 이것은 부처님조차도 자신이 한 일에 대해서는 반드시 과보를 받는다는 것을 분명하게 보여준다. 알게 모르게 하는 행위는 결국 다시 자기에게로 되돌아온다. 따라서 과보를 받지 않으려면 업을 짓지 말아야 한다. 그러나 생활하면서 업業을 전혀 짓지 않는 것은 어렵다. 그래서 착한 일을 하는 지계를 지킴으로써 착한 행위를 쌓고, 악한 업을 짓지 않도록 노력해야 한다.

지금하고 있는 행위들이 내일의 모습을 결정한다. 부처님은 모든 행동들이 결국 나 자신에게 그대로 돌아온다고 하셨다. 한 방울의 물이 모여 큰 항아리를 채우는 것처럼, 우리가 '별 거 아니겠지.' 하고 가볍게 생각하면서 저지른 조그마한 악행이 결국 재앙의 원인이 되기도 한다. 그러므로 부처님께서는 제자들에게 계戒를 스승으로 삼아 부지런히 정진하라고 유훈으로 당부하셨다. 그리고 계율에 대한 불교와 기독교의 차이점은, 계율이 '신神 중심이냐 사람 중심이냐'에 있다. 불교는 후자이다.

③인욕(찬제)바라밀(忍辱波羅蜜): 여러 가지로 참는다는 것이다. 즉 마음으로 참기 어려운 것을 잘 참아내고, 몸으로는 실천하기 어려운 것을 앞장서서 이타행利他行을 실천하는 것을 말한다. 참는다는 것은 탐냄과 성냄 또는 본능 등을 자제하는 것이다. 여기에는 물론 육체적 고난만이 아니라 정신적인 고난도 포함한다. 인내의 보살은 득과

실, 명예와 불명예, 칭찬과 비난, 즐거움과 괴로움이라는 세속 일에 집착하지 않는다고 한다. 부처님께서는 『법구경』에서 "원망으로써 원망을 갚으면 마침내 원망은 쉬어지지 않는다. 오직 참음으로써 원망은 쉬어지나니, 이 법은 영원히 변하지 않는다."라고 하셨으며, 또 『유교경』에서도 "참는 미덕에는 지계도 고행도 미치지 못한다. 능히 참음을 행하는 자는 이름하여 큰 사람이라 한다."라고 하셨다.

④정진(비리야)바라밀(精進波羅蜜): 정법正法으로 항상 수행에 힘쓰고 게으르지 않는 것, 끊임없는 노력을 말한다. 나머지 5바라밀 모두를 실천하는 데에 노력을 아끼지 말아야 한다는 것으로 이해된다. 불성佛性의 완성을 위하여 무명번뇌를 끊고 끊임없이 노력하되, 무시무종無始無終의 윤회에서 벗어날 때까지 계속해 수행해 나가는 것을 정진바라밀이라 한다. 다음은 석존께서 열반에 임하였을 때 남기신 유훈이다.

> 생生한 것은 반드시 멸滅하는 법이니 방일하지 말라. 불방일不放逸로써 나는 정각正覺에 이르렀으니, 무량한 선善을 낳는 것도 불방일이니라.

과거의 잠재적인 습관과 버릇이 얼마나 오랫동안 우리에게 영향을 미치는가는, "세 살 버릇이 여든까지 간다."는 우리의 속담에도 잘 나타나 있다. 부처님의 가르침에 따라 바르게 실천하며 살려고 해도 탐욕에 길든 버릇을 하루아침에 털어버리기란 참으로 어렵다. 왜냐하면 몸과 언어와 뜻(생각)의 수행이 어느 정도 되는가 싶다가도, 순간적으로 그것을 허물어버리는 삼독의 마음이 시시때때로 생겨 수행을 방해하곤 하기 때문이다. 이럴 때 더 강건한 마음으로 수행하면서 잠재된 자신의 습관을 바꾸려고 노력해야 한다. 투철한 의지로써 끝끝내 깨달음을 이루어 다시는 과거의 생활로 돌아가지 않겠다는 원대한 서원을 세우고 용감하게 정진하는 것이 중요하다.

⑤선정(선나)바라밀(禪定波羅蜜): 일체 현상의 방해를 벗어나는 것을 선禪이라 하고, 속마음이 어지럽지 않은 것을 정定이라 한다. 이것을 요약하면, 마음을 고요하게 통일하여 마음을 하나의 대상에 집중하여 전혀 동요가 없는 상태가 선정禪定이다. 선정은 '올바른 마음으로 고요히 집중해 들어간다.'는 뜻인데, 이때 분별로 인한 소란과 수면과 같은 멍한 상태에서 마음을 깨어 있게 해 정신을 맑게 해준다. 이 선정을 삼매三昧라고도 하는데, 나와 대상이 하나가 되어 맑고 고요하며 흔들림 없는 경지를 일컫는다. 육바라밀의 근거가 되는 반야바라밀로 나아가기 위해서는 반드시 이 선정바라밀을 닦아야만 한다.

⑥반야(지혜)바라밀(般若波羅蜜): 삿된 지혜와 나쁜 소견을 버리고 참 지혜를 얻는 것이다. 반야바라밀은 지혜의 완성이다. 지혜는 선정을 통해 얻는 것으로서, 배워서 얻는 지식과는 다르다. 진실의 지혜, 즉 참된 슬기를 얻는 것이다. 앞의 다섯 바라밀인 보시·지계·인욕·정진·선정의 5가지 수행은 이 반야바라밀 없이는 이루어지지 않는다. 여기서 말하는 지혜는 '공空'의 지혜로서, 깨달음을 향해 나아가는 실천적 지혜를 가리킨다. 따라서 다섯 가지 바라밀(보시·지계·인욕·정

진·선정)은 모두 이를 바탕으로 하여 실천되어야 한다. 이 지혜는 결국 연기, 중도[4], 공을 체득한 지혜이다. 지혜의 향기는 아주 멀리까지 전해진다. 마치 천리향의 그윽한 향내가 바람을 타고 먼 곳까지 전해지듯, 지혜로운 사람의 향기는 나와 이웃, 그리고 온 세계를 맑게 정화한다.

> 반야바라밀이 없이는 다섯 가지 바라밀은 바라밀이라고 불리지 못한다. 마치 전륜성왕이 윤보輪寶가 없을 때에는 전륜성왕이라는 이름을 갖지 못하는 것과 같다. (『대지도론』)

이들 각 바라밀은 자기 완성과 동시에 많은 타인의 이익을 추구하는 것을 목적으로 하고 있다. 여기에 방편方便·원願[5]·력力[6]·지智[7]의 넷을 더하여 십바라밀이라고 하지만, 그 4가지도 사실은 육바라밀 속에 포함되어 있다고 하겠다. 육바라밀은 굳이 불교를 내세울 것도 없이 일반 생활인으로서의 가장 바람직한 자세를 제시하는 것으로 이해해도

4 중도를 간단히 말한다면, 어느 한쪽으로 치우치지 아니하는 8가지 바른 길(팔정도)이다.

5 원(願, 대원大願): 한없이 넓고 큰 서원誓願. 중생이 부처 되려는 소원. 부처가 중생을 구제하려는 서원을 말한다.

6 력(力, 원력願力): 본원력本願力·숙원력宿願力·대원업력大願業力이라고도 한다. 본원의 힘이란 뜻. 부처님이 살았던 때에 세운 본원이 완성됨을 나타내는 힘.

7 지智: 범어로 Jñāna, 빨리어로는 ñāa라 하며 사나闍那·야나若那라 음역한다. 결단決斷하는 뜻, 앎, 지식. 모든 사상事象과 도리에 대하여 그 옳고 그름을 분별 판단하는 마음의 작용. 지는 혜慧의 여러 작용 가운데 하나이나, 지혜知慧라 붙여서 쓴다.

좋을 것이다. 따라서 육바라밀은 개인적 덕목이며 기본적인 불교세계관을 뜻한다.

◇문제 풀어보기

1. 부파불교의 다른 이름이 아닌 것은?

① 원시불교 ② 소승불교 ③ 아비달마불교 ④ 남방불교 ⑤ 상좌부불교

2. 다음 중 소승불교의 설명에 대해 틀린 것은 ?

① 여기서 '소승小乘'은 작은 수레라는 뜻이다.

② 인도의 남쪽 해로를 따라 스리랑카와 동남아시아 등에 퍼진 것으로 남방불교라 한다.

③ 전통과 형식에 치우쳐 계율과 교법을 중시한다.

④ 붓다 입멸 후부터 아소카왕Ásoka왕[8] 즉위 이전까지의 불교를 말한다.

3. 다음 중 부파불교의 한계점으로 볼 수 없는 것은?

① 소극적이고 개인적인 열반만을 중시한다.

② 계율과 전통을 고집한다.

③ 출가자 중심의 불교로 상대적으로 재가자를 소홀히 한다.

④ 명목적인 신자가 다수를 차지한다.

4. 부파불교의 성격 중 옳지 않은 것은?

---

8 한역 불전에는 아육왕阿育王, 무우왕無憂王으로 표기되는데, 인도 마우리아왕조의 제3대 왕(재위 B.C.269~B.C.232년경)이다.

① 법 중심의 불교 ② 계율을 강조
③ 자기완성에 주력 ④ 이타행利他行에 주력

5. 다음 중 깨달음에 이르기 위해서는 반드시 닦아야 할 세 가지 덕목인 삼학이 아닌 것은?

① 계학戒學 ② 정학定學 ③ 좌시座施 ④ 혜학慧學

6. 다음 육바라밀의 덕목 중 조건 없이 기꺼이 주는 생활을 뜻하는 것으로 부처님의 진리를 전하는 법시(法), 재물을 베푸는 재시(財), 두려움을 없애주는 무외시(無畏) 등이 있는 덕목은 무엇인가?

① 보시布施 ② 반야般若 ③ 인욕忍辱 ④ 선정禪定

7. 다음 중 대승불교의 특징이 아닌 것은?

① 자리自利와 이타利他를 함께 가지고 있다.
② 믿음(信)과 실천(行)을 중요하게 여긴다.
③ 육바라밀을 수행덕목으로 한다.
④ 출가자만이 깨달음을 얻고 해탈을 이루어 아라한의 경지에 도달할 수 있다고 생각한다.

8. 바라밀과 그에 대한 설명으로 바르지 않은 것은?

① 보시바라밀 - 아무 조건 없이 베푸는 자비의 실천
② 지계바라밀 - 올바른 생활규범을 갖는 것
③ 선정바라밀 - 참기 어려운 것을 참고 하기 어려운 것을 행하는 것

④ 정진바라밀 - 항상 수행에 힘쓰고 게으르지 않는 것

⑤ 반야바라밀 - 참된 지혜를 얻는 것

9. 육바라밀 중 가장 기본이 되는 바라밀은?

① 정진바라밀 ② 인욕바라밀 ③ 선정바라밀

④ 반야바라밀 ⑤ 보시바라밀

10. 다음은 보시바라밀 중에서 무재칠시無財七施에 대한 설명이다. 해당되지 않는 것은?

① 무재칠시란 재물 없이도 베풀 수 있는 7가지 보시를 말한 것으로, 보시의 3가지 중에 재시財施에 포함된다.

② 안시眼施는 온화하고 웃는 얼굴로 대하는 것이다.

③ 언시言施는 부드러운 말로 감싸주는 것으로 이것은 사섭법 중의 애어섭愛語攝이다.

④ 무재칠시에 안시顔施·안시眼施·언시言施·신시身施·심시心施·상좌시上座施·방사시房舍施가 있다.

11. 무재칠시의 종류에 대한 의미가 바르게 짝지어지지 않은 것은?

① 언시言施 - 부드러운 말로 감싸주는 것

② 신시身施 - 따뜻하고 맑은 눈으로 바라보는 것

③ 심시心施 - 마음으로 위로하는 것

④ 상좌시上座施 - 남에게 자리를 양보하는 것

⑤ 방사시房舍施 - 사람들의 잠자리를 제공해 재워주는 것

12. 계율이란 한마디로 말하면 악惡을 경계하고 선善을 가르치는 불교의 윤리도덕이며, 모든 인간생활의 규범이라고 할 수 있다. 여기에 대한 설명으로 거리가 먼 것은?

① 가장 기본적인 5계가 있다.

② 5계란 살생, 투도, 사음, 망어, 음주이다.

③ 계율을 내 자신이 지킴으로써 나와 남이 함께 자유롭고 편안하게 살 수 있다.

④ 계율에 대한 불교와 기독교의 차이점은, 계율이 '신神 중심이냐 사람 중심이냐'에 있다.

13. 무아無我와 무상은 대승불교에 오면서 공空으로 개념이 확대되었다. 공의 의미와 거리가 먼 것은?

① 모든 것은 고정된 실체로서의 자성이 없다는 것을 말한다.

② 텅 빈 공空에 모든 것이 들어 있고 모든 것이 창조되는 것과 같은 이치를 말한다.

③ 줄거나 늘지 않으며 생기거나 사라지지 않는 허공과 같은 것을 말한다.

④ 모든 것은 시간이 지나면 실체가 없어지므로 만물이 허무하다는 뜻이다.

14. 다음의 내용과 관계가 깊은 바라밀은?

> 생生한 것은 반드시 멸滅하는 법이니 방일하지 말라. 불방일不放逸로써 나는 정각正覺에 이르렀으며, 무량한 선善을 낳는 것도 불방일이니라.

① 지혜바라밀 ② 정진바라밀 ③ 선정바라밀 ④ 인욕바라밀

15. 다음은 육바라밀에 대한 설명이다. 거리가 먼 것은?

① 바라밀은 '파라미타'의 음역으로 '완성', '피안에 이르다'라는 말이다.

② 자리이타自利利他의 실천수행이다.

③ 중도와 연기를 공사상으로 재해석하게 되면서 중시된 개념이다.

④ 공空을 실천하는 중생의 자비행慈悲行이다.

16. 대승불교에 대한 설명으로 옳지 못한 것은?

① 기원 전후부터 인도에서 발흥되기 시작했던 혁신적인 불교운동을 대승불교라고 한다.

② 부파불교의 전문화되고 학문적인 불교로부터 벗어나 실천적인 신앙으로 돌아선 불교이다.

③ 핵심사상으로 보살이 가야 할 길인 육바라밀을 내세웠다.

④ 재가자만의 불교이다.

17. 다음 중 대승불교의 성격이라고 할 수 없는 것은?

① 부처님의 올바른 정신을 실천적으로 되살리려는 불교개혁운동으로 시작되었다.

② 자신의 이익보다는 다른 사람의 행복을 위해 자신을 헌신하려는 신행이다.

③ 모든 사람들과 함께하는 대중성과 사회성을 강조하는 실천적인 생활불교이다.

④ 부처님의 가르침을 학문적으로 다양한 측면에서 심도 있게 재해석하는 태도이다.

18. 다음은 대승과 소승에 대한 설명이다. 가장 거리가 먼 것은?

① 대승은 큰 수레, 소승은 작은 수레라는 뜻이다.

② 소승에는 자리自利를 우선으로 하여 아라한이 될 것을 목적으로 삼고 있다.

③ 대승은 중관中觀불교의 편협한 사상을 비판하면서 흥기하였다.

④ 대승불교는 불탑신앙을 중심으로 일어났다.

19. 마음을 다해 바치는 정성스러운 공양은 삼륜三輪이 청정할 때 크나큰 공덕이 뒤따른다고 한다. 여기서 청정해야 할 세 가지에 해당하지 않는 것은?

① 주는 자 ② 받는 자 ③ 주고받는 장소 ④ 주고받는 물건

20. 다음 글을 읽고 (　　) 속에 들어갈 말을 쓰시오. (단답형 문제)

보시는 자비로 널리 베푸는 행위. 즉 아무런 조건 없이 베풀어주는 (①)을 말한다. (②), 그리고 나만을 위한 이기심 등을 버리는 행위까지도 포함하고 있다.
그리고 최상의 보시는 (③) 보시이다. 즉 준다는 생각조차 없이 주는 마음이다. 내 마음 속에 잠재해 있는 복잡한 번뇌와 욕심을 없애기 위한 실천, 그것이 바로 진정한 의미의 보시이다.

① ② ③

21. 다음 글을 읽고 보시布施의 종류를 차례로 쓰시오. (단답형 문제)

부처님의 법을 설하는 것: (①)
가난한 사람에게 재물을 주는 것: (②)
공포에 휩싸여 있는 중생에게 두려운 마음을 없애주는 것: (③)

① ② ③

※ 다음은 『삼세인과경三世因果經』에 나타난 글이다. 물음에 답하시오. (22~23)

〈보기〉 "그 사람의 지금의 모습을 보면 전생을 알 수 있고, 그 사람의 현재의 행위를 보면 내생을 알 수 있다." (『삼세인과경』)

22. 이 글을 통해서 알 수 있는 사상은?

① 운명론적 사고방식 ② 쾌락주의 사고방식

③ 인과론적 사고방식 ④ 자연주의적 사고방식

23. 이 글의 보기가 의미하는 바를 설명한 것으로 거리가 먼 것은?

① 부처님은 절대자의 섭리나 정해진 운명을 부정하였다.

② 모든 것은 인간의 의지와 행동에 따라 성립한다.

③ 업業은 헤어날 수 없는 인생의 굴레이다.

④ 모든 삶의 결과는 자신의 책임이다.

24. 보시바라밀에 대한 설명으로 틀린 것은?

① 바라는 사람이 있는 것을 보고 나서 베풀어준다.

② 타인에게 주고 나서 후회하는 마음이 없다.

③ 결과를 바라지 않고 아무 조건 없이 베푼다.

④ 즐거운 마음으로 자율적으로 베푼다.

〈생각해 봅시다〉

1. **대승불교의 실천수행인 육바라밀의 핵심은 무엇일까? 육바라밀은 우리 생활과 어떻게 연관되어 있을까?**
2. **보시 중에서 재시에 포함되는 무재칠시의 의미와 실천방법에 대하여 생각해 보자.**

• 제9강 •

부처님은 어떻게 중생을 교화하였을까

여기서는 부처님의 교화방법인 사섭법과 사무량심, 그리고 술을 마시면 얻게 되는 허물에 대해 살펴보겠다.

1. 사섭법: 네 가지 포용방법

사섭법四攝法은 대승불교의 중요한 실천행으로 보살이 중생을 교화하여 불도佛道에 이르기 위한 네 가지 실천덕목을 가리킨다. 이때 섭攝이란 말의 본뜻은 '끌어들이다', '품안에 들이다', '감싸 안다'는 뜻으로, 거기서 연유되어 '섭수하다', '교화하다'는 의미가 된 것이다. 요약하면, 4섭사攝事·4사섭법事攝法·4집물集物이라 하고, 4섭攝·4사事·4법法이라 약칭한다. 보살이 중생을 섭수攝受하고 친애親愛하는 마음을 일으켜 그들로 하여금 보살을 믿게 하여 결국은 불도佛道에 끌어들이는 네 가지 행위이다.

사섭법(catvāri saṃgaraha-vastūni)에는 보시섭布施攝, 애어섭愛語攝, 이행섭利行攝, 동사섭同事攝이 있다.

첫째, 보시섭(dāna-saṃgraha)이란 타인에게 베풂을 말하는데, 구체적으로는 재물일 수도 있고 진리의 말씀일 수도 있다. 이때 주의할 것은 베푼 행위를 남에게 자랑하지도 말고 또한 보상을 바라지도 않아야 하는 것이다. 이 세상에서 고귀하고 성스러운 많은 행위들 가운데 기쁘게 베푸는 보시행이야말로 가장 아름다운 행이다. 『개각자성반야바라밀다경』 제3권에는 다음과 같은 말씀이 있다.

> 다섯 가지로 보시바라밀다를 수행하는 것이 있음을 분명히 알아야 한다. 무엇이 다섯 가지인가? 첫째는 서원誓願의 보시이고, 둘째는 재물과 무외無畏의 보시이고, 셋째는 법의 보시이고, 넷째는 보시이고, 다섯째는 큰 보시이다.

또, 『결정비니경』에도 "집에 있는 보살은 마땅히 두 가지 보시를 닦아야 하나니, 무엇이 둘인가 하면, 첫째는 재물을 보시하는 것이요, 둘째는 법을 보시하는 것이니라."라고 하셨다.

둘째, 애어섭(priya-vādita-saṃgraha)이란 맑고 부드럽고 온화한 말로써 상대를 감싸주는 것을 말한다. 『아비달마집이문족론』 제9권에서는 애어섭에 대한 다음과 같은 문답이 있어 주목된다.

〈문〉 어떤 것이 애어섭사愛語攝事인가?

〈답〉 이 가운데서의 애어愛語란, 이른바 기뻐할 만한 말이요, 재미 있는 말이며, 얼굴을 펴고 평온하게 보면서 하는 말이요, 얼굴을 찡그리지 않고 하는 말이며, 웃음을 머금고 그보다 먼저 하는 말이요, 그보다 먼저 인사하면서 위로하는 말이며, 좋아할 만한 말이다.

거칠고 살벌해서 남의 가슴에 상처를 주는 그런 말이 아니라 올바르고 진실한 말이다. 상대방을 상냥하게 진심으로 칭찬해 주는 것도 그 좋은 한 예가 되겠다.

셋째, 이행섭(artha-caryā-saṃgraha)이란 바로 이타행利他行을 말한다. 즉 남에게 손해를 끼치는 게 아니라 항상 이웃에게 이익을 주고 덕이 되도록 노력하는 마음가짐이다.

〈문〉 어떤 것이 이행섭사利行攝事인가?
〈답〉 이 가운데서 이행利行이란, 모든 유정으로서 혹은 중한 병이 들어 있거나 혹은 액난厄難을 만나 고생하면서 구제할 이가 없을 때에 곧 그곳으로 가서 자비심을 일으켜 몸과 말의 업業으로써 방편을 제공하고 시봉하며 방편으로 구제하는 이로운 행〔利行〕을 하는 것을 이행이라 한다.(『아비달마집이문족론』)

그렇다면 이러한 행동은 오직 선행밖에 없다는 것을 부처님은 이렇게 또 말씀하시고 계신다.

"모든 이행 가운데서 가장 훌륭한 것은 믿지 않는 이(不信者)로 하여금 방편으로써 권유하고 인도하며 조복하고 편히 세워서 믿음을 원만하게 하는 것이요, 파계한 이(破戒者)로 하여금 방편으로써 권유하고 인도하며 조복하고 편히 세워서 계율을 원만하게 하는 것이며, 간탐하는 이(慳貪者)로 하여금 방편으로써 권유하고 인도하며 조복하고 편히 세워서 보시를 원만하게 하는 것이요, 나쁜 지혜를 지닌 이(惡慧者)로 하여금 방편으로써 권유하고 인도하며 조복하고 편히 세워서 지혜를 원만하게 하는 것이다."고 하신 것과 같나니, 이와 같은 모든 것들을 말하여 이행이라 한다.
(『아비달마집이문족론』)

이러한 선행의 일상화가 바로 이행섭이다.

넷째, 동사섭(samānārthatā-saṃgraha)이란 중생에 가까이하여 중생 속으로 들어가 중생들과 고락을 같이 하는 것을 가리킨다. 구체적으로는 남의 고통을 외면하지 않고 적극적으로 도와주는 방법이다.

〈문〉 어떤 것이 동사섭사同事攝事인가?
〈답〉 이 가운데서 동사同事란, 산 것을 죽이는 이에 대하여 깊이 싫증을 내고 여의는 이로서 그를 잘 도와주는 벗이 되어서 산 것을 죽이는 일을 여의게 하고, 또는 도둑질하는 이에 대하여 깊이 싫증을 내고 여의는 이로서 그를 잘 도와주는 벗이 되어서 도둑질을 못하게 하며, 또는 음욕의 삿된 행을 하는 이에 대하여 깊이 싫증을 내고 여의는 이로서 그를 잘 도와주는 벗이 되어서 음욕의 삿된 행을 여의게 하고, 또는 거짓말을 하는 이에 대하여 깊이 싫증을 내고 여의는 이로서 그를 잘 도와주는 벗이 되어 거짓말을 하지 않게 하며, 또는 술을 마시는 이에 대하여 깊이 싫증을 내고 여의는 이로서 그를 잘 도와주는 벗이 되어서 술을 마시지 않게 하는 것이니, 이와 같이 그 일을 함께하는 것(同事) 등을 말하여 동사라 한다. (『아비달마집이문족론』)

가령 위와 같은 방법으로 나쁜 길에 빠진 친구를 구하기 위해서는 그 친구와 같이 행동을 함으로써 친구가 잊고 있던 부도덕성을 일깨워 주는 교화방법이다. 다시 말해 나쁜 친구를 보면 그냥 방관하거나 내버려 두지 않고 참된 마음으로 깨우치게 하여 더불어 사는 삶을 지향하자는 것이다. 결국 이러한 사섭법은 모든 중생이 실천해야 할 덕목임과 동시에, 이 세상을 맑고 향기롭게 하는 기본윤리라고도 할 수 있다. 이것을 요약하면 다음과 같다.

〈표 13〉 사섭법의 핵심

보시섭布施攝	부처님의 가르침과 재물, 정신적 위안 등을 베푼다.(법시法施·재시財施·무외시無畏施)
애어섭愛語攝	항상 웃는 얼굴로 부드럽고 사랑스러운 말로 섭수한다.
이행섭利行攝	남을 이롭게 하는 이타행利他行으로 섭수한다.
동사섭同事攝	팔정도에 근거하여 더불어서 함께 일하고 서로 협력하는 것. 즉 중생의 근성에 따라 고락苦樂을 함께함으로써 교화시키는 것을 말한다.

사섭법四攝法이란 고통세계의 중생을 구제하기 위하여 보살이 중생을 섭수攝受하는 네 가지 방법을 말한다. 『도행반야경』에서는, "부처님들께서는 4사섭事攝으로 불도佛道를 얻고 이 4사섭으로 살화살(일체중생)을 보호하기 때문이니, 곧 첫째는 조건 없이 베푸는 것(布施攝)이고, 둘째는 사람들을 즐겁게 하는 것(愛語攝)이고, 셋째는 사람들을 이익 되게 하는 것(利行攝)이고, 넷째는 일을 함께하는 것(同事攝)이다."라고 하셨다.

2. 사무량심

사무량심四無量心은 범어로 catvāri-apramāacittāni로 한없는 중생을 어여삐 여기는 무량한 네 가지 마음이다. 여기서 무량無量이란 공간적으로 한정되어 있지 않다는 뜻과 헤아릴 수 없이 많다는 두 가지 의미로 쓰이고 있다. 『잡아비담심론』 제7권에서는 사무량심을 "이 무량심은 그 생겨나는 일이 5음의 성품이니, 그 모습을 말한다면 편안함(安)으로써 요익을 줌은 자慈의 모습이며, 중생들의 불안을 제거해 줌은 비悲의 모습이다. 더불어 기뻐함은 희喜의 모습이고 간섭하지 않음(任放)은 사捨의 모습이다."라고 요약하고 있다. 따라서 사무량四無量을 풀이하면 4가지 무량심無量心을 가리키는 것이다. 이것을 부처님은 사등심四等心, 사등지四等至, 사등四等, 사범당四梵堂, 사범주四梵住라고도 하셨다. 그 4가지는 바로 자慈·비悲·희喜·사捨의 넷을 말한다. 무량이란 무량한 중생을 상대로 인연을 맺고 무량한 복덕을 얻고, 무량한 과果를 낳기 때문이다. 곧 무량한 중생을 인연하여 낙樂을 얻고 고苦를 벗어나고자 사유하는 것이다. 또한 이것은 보살이 중생을 어여삐 여기는 마음이 광대하고 한량없이 크기 때문에 무량심이라고 하며, 이로 인해 범천에 갈 수도 있기 때문에 범주라고 한 것이다.

> 네 가지 한량없는 마음(四無量)을 부처님께서 말씀하셨으니, 만약 비구가 사랑하는 마음을 일으켜 먼저 동방에서부터 사랑하는 마음을 내서 행하고, 남쪽·서쪽·북쪽·4유·상방上方·하방下方도 또한 이와 같이 사랑하는 마음을 실행하여 그 사랑하는 마음을 어느 곳 어느 세계 어떠한 종류에게든지 넓고 크고 한량없이 끝도 없고 또한 한계도 없이 하면, 이것을 사랑이 한량없는 마음(慈無量)이라 한다. 슬퍼하고(悲) 즐겁고(喜) 버리는(捨) 세 가지 한량없는 마음도 또한 그러하다. 이것을 네 가지의 끝없는 마음이라 한다.
> (『대집법문경』)

그러면 각각의 사무량심에 대하여 살펴보자.

① **자무량심(慈無量心**, maitrī-apramāa-citta): 무진無瞋을 체體로 하고 한량없는 중생에게 즐거움을 주려는 마음이다. 다시 말해 자慈무량심은 중생에게 즐거움을 주고자 하는 마음으로 같이 기뻐한다는 뜻이 담겨 있다. 이 세상에는 두 가지 기쁨, 즉 받는 기쁨과 주는 기쁨이 있지만 후자의 기쁨은 전자에 비할 것이 아닌 큰 기쁨이다. 단지 그것을 나와 친한 사람만을 골라서 베푸는 것이 아니라 일체 중생을 대상으로 하여 베풀기 때문에 무량한 마음이라고 하는 것이다.

그런 까닭에 경전에서는 "자무량심慈無量心은 본래 선善으로 인하여 나오는 것이니, 나아가 도업道業을 구하려면 이것을 가장 먼저 앞세워야 한다. 중생을 이익되게 하여 제도하려는 마음은 항상 적멸하고 고요하다.(『어제비장전』)"라고 하였다.

② **비무량심(悲無量心**, karuā): 성냄이 없음(無瞋)을 체體로 하여 남의 고통을 벗겨 주려는 마음이다. 처음은 친한 이의 고통을 벗겨 주기로 하고, 점차로 확대하여 다른 이에게까지 미치는 것이다. 부연하자면, 비悲무량심은 상대방의 불행과 고통을 없애주고자 하는 마음으로 고통에서 빼내줌(拔苦)을 의미한다. 그 뜻은 설사 내가 어떤 괴로움과 대가를 치르는 한이 있을지라도 상대를 고통으로부터 구하고자 하는 마음을 말한다. 물론 이것을 실천한다는 것은 어려운 일임에 틀림없지만, 이러한 최소한의 희생은 인류의 미래에 대한 행복을 창조하는 원동력이 될 것이다. 위의 두 가지 말을 합친 것이 바로 '자비'라는 단어이다.

③ **희무량심(喜無量心**, muditā): 마음에 기쁘게 느끼는 것(喜受)을 체로 하여 다른 이로 하여금 고통을 여의고 낙樂을 얻어 희열喜悅케 하려는 마음이다. 즉 희喜무량심은 상대의 행복을 같이 기뻐해 주는 마음을 말한다. 따라서 희무량심喜無量心은 희근喜根의 성품을 지니고 있음을 말한 것이다. 기쁨은 나눌수록 커지고 슬픔은 나눌수록 적어진다고 한다. 우리는 남의 기쁨을 진심으로 기뻐해 주는 일에는 너무 인색한 편이다. 다른 사람의 불행에는 동정을 하면서도 남의 기쁨을 나의 기쁨으로 받아들일 수 있는가에 대해서는 자책과 반성이 있어야 할 것이다.

④ **사무량심**(**捨無量心**, upekā): 탐욕이 없음(無貪)을 체로 하여 중생을 평등하게 보며 원수(怨)·친함(親)의 구별을 두지 않으려는 마음이다. 즉 사捨무량심은 일체의 구애받는 마음을 버리고 모든 사람들에게 평등한 마음으로 대하고자 하는 것이다. 즉 친소親疎의 구별뿐만 아니라 내가 남보다 더 잘나거나 더 못하다는 생각까지도 버리는 마음을 말한다.

사실 우리는 무엇이든지 가지기에만 급급하고 버리기는 아주 싫어한다. 그러나 '그대가 배움을 위해서라면 하루하루를 쌓아 나가고, 그대가 도를 이루기 위해서라면 하루하루를 떨쳐 버려라.'는 말도 결국 버리는 정신에서 오히려 창조적인 의지를 찾자는 말일 것이다. 붓다는 사무량심에 대해 『중아함경』 제21권 86 「설처경說處經」 중에서 다음과 같이 말씀하시고 있다.

> 아난아, 나는 이전에 너를 위하여 사무량四無量을 설명하였느니라. 사람들은 자애(慈)와 함께하는 마음으로 1방方을 가득 채우고 성취하여 노닐며, 이렇게 2·3·4방 4유四維[1]·상·하의 모든 곳을 가득 채운다. 자애로움(慈)과 함께하는 마음으로 맺음도 없고(無結) 원한도 없으며(無怨), 성냄도 없고(無恚) 다툼도 없으며(無諍), 지극히 넓고 매우 크며 한량없이 잘 닦아, 일체 세간을 가득 채우고 성취하여 노닌다. 이렇게 불쌍히 여김(悲)과 기뻐함(喜)도 또한 그러하며, 평정(捨)과 함께하는 마음으로 맺음도 없고 원한도 없으

1 사유四維: 유維는 모퉁이, 네 구석이란 뜻, 사우四隅를 말한다. 곧 ① 간(艮: 동북)·② 손(巽: 동남)·③ 건(乾: 서북)·④ 곤(坤: 서남).

며, 성냄도 없고 다툼도 없으며, 지극히 넓고 매우 크며 한량없는 착한 행을 닦아 일체 세간을 가득 채우고 성취하여 노닌다. 아난아, 너는 마땅히 모든 사람들을 위하여 이 사무량을 설명하고, 사무량으로써 그들을 가르쳐야 한다. 만일 모든 사람들을 위하여 이 사무량을 설명하여 가르치면, 그들은 곧 안온함을 얻고 힘을 얻고 즐거움을 얻어 몸과 마음이 번뇌의 열로 뜨거워지지 않고 몸이 마치도록 범행을 행할 것이다.

『증일아함경』 제21권에는 사무량심의 또 다른 이름인 '4등심等心'과 '4범당梵堂'에 대하여 설명하고 있는데, 그것을 살펴보면 다음과 같다.

4등심等心[2]이 있다. 어떤 것이 그 네 가지인가? 자애로운 마음(慈)·불쌍히 여기는 마음(悲)·기뻐하는 마음(喜)·평정한 마음(護: 捨)을 이르는 말이다. 무슨 이유로 이것들을 범당梵堂이라고 하는가? 수행자들이여, 마땅히 알아야 한다. 범梵 중에 대범大梵을 천千이라고 이름한다. 그와는 견줄 대상이 없고 그보다 더 뛰어난 자는 없어서 1천 나라를 통솔한다. 그러한 이의 당堂이기 때문에 범당이라 부르는 것이다. 수행자들이여, 이 네 개의 범당은 큰 세력勢力이 있어 1천 세계를 관찰할 수 있다. 그러므로 범당이라고 부르느니라. 그러므로 만일 어떤 사람이 욕계欲界의 하늘을 벗어나 탐욕이 없는 곳에서 살려고 한다면, 그러한 사부대중은 마땅히 방편을 구해 이 네 개의 범당을 이루도록 해야 하느니라. 모든 수행자들이

---

2 4등심等心을 4무량심無量心이라고도 한다.

여, 꼭 이와 같이 공부해야 하느니라.

『아비달마구사론』 제29권 「분별정품」에서 사무량은 사장四障을 대치하는 것이라고 설명하고 있다.

무량無量에는 네 가지 종류가 있으니, 진瞋 따위를 대치對治하기 때문으로, 자慈와 비悲의 자성은 무진無瞋이며, 희喜는 희, 사捨는 무탐無貪이다. 이러한 무량의 행상行相은 순서대로 즐거움을 주는 것과 괴로움을 없애는 것과 기뻐함과 유정有情의 평등함이니 욕계의 유정을 소연으로 한다. 무량無量에는 네 가지 종류가 있으니, 첫째는 자(慈, maitr), 둘째는 비(悲, karuna), 셋째는 희(喜, mudita), 넷째는 사(捨, apeksa)이다. '무량'이라고 말한 것은 이루 헤아릴 수 없는 유정을 소연[3]으로 삼기 때문이며, 이루 헤아릴 수 없는 복을 인기하기 때문이며, 이루 헤아릴 수 없는 과보를 초래하기 때문이다.

3. 해탈(=열반)

여기서는 불교의 해탈관에 대하여 살펴본다. 먼저 해탈解脫은 3가지의 의미를 가지고 있다. 첫째는 번뇌의 속박을 벗어나 자유로운 경계에 이르는 것이다. 둘째는 열반의 다른 이름으로 열반은 불교가 추구하는

3 소연所緣이란 마음으로 인식하는 대상으로, 육식의 대상으로 인식되는 육경境과 같은 것이다.

궁극적인 이상의 경지이며, 여러 가지 속박에서 벗어난 상태이므로 해탈이라 한다. 그리고 셋째는 선정의 다른 이름으로 속박을 벗고 자유자재로와지는 것이 선정의 덕이므로 해탈이라 한다. 『불본행집경』에서 붓다는 7일간의 수행 후 바가바 선인을 찾아가 참된 수행의 목적과 방법을 놓고 문답하는 과정에서 다음과 같이 말하고 있다.

당신들이 구하는 법은 하늘에 태어나는 과보果報에 관한 것이지만, 나는 그렇지 않느니라. 나는 지금 뜻에 해탈을 구함이요, 있음을 취하고자 함이 아니다.

즉 붓다(佛)가 구하고자 하는 해탈은 의식의 자각을 통한 속박으로부터의 해탈이었다. 그리고 또 『잡아함경』에서도 해탈이 '일체의 속박으로부터의 자유'를 의미하는 것으로 다음과 같이 설명되어 있다.

이때에 부처님께서는 바라나시성 녹야원에서 여름을 보내신 후 모든 비구들에게 이와 같이 말했다. "수행자들이여, 나는 이미 그것이 천계天界이든 인간계人間界의 것이건 일체의 속박으로부터 해탈했다. 그대들 또한 천계와 인간계 일체의 속박으로부터 자유롭게 되었다."

붓다는 이와 같이 해탈을 신과 인간의 속박에서 벗어나는 것으로 보고 있다. 천상계의 속박이란, 인간의 존엄성이 신의 권위 아래 묶이고, 인간이 스스로의 삶과 운명의 주인이 되지 못한 채 신의 노예로 전락되는 삶을 말한다. 또한 신 중심적인 사회에서는 신의 권능과 신의 권위로 인하여 합리화된 지배이데올로기를 말한다. 즉 신의 권능으로 구조화된 카스트 제도와 신의 이름으로 자행되는 무수한 착취로 인간이 그 자신의 주인임을 상실하고 노예화되어가는 인간 현실을 말한다.

인간계의 속박이란, 권력과 재물과 쾌락을 더 많이 소유하고 누리는 것이 인생의 참 가치라 여기고 이를 소유하고자 하는 과정에서 벌어지는 인간계의 참상을 말한다. 권력(명예)과 재물과 감각적 쾌락이 지배하는 사회에서 모든 인간이 권력의 노예, 재물의 노예, 쾌락의 노예가 되어버린 현실을 말한다. 즉 부처님은 신으로부터, 인간의 욕망으로부터 벗어나 인간이 스스로의 인생과 세상의 주인임을 깨달았으니, 이것을 해탈이라고 말하는 것이다. 해탈은 윤회의 탈출로부터 이루어지는 것이 아니라, 신이 속박과 인간의 욕망으로부터 벗어나는 것이라는 부처님의 사상은 자신의 생과 세상의 주인은 자기 자신이라는 주인의식을 궁극의 목표로 삼고 있는 것이다. 따라서 부처님이 깨달은 세계상의 모습은 모든 생명이 제 스스로의 주인이 되며 한몸이 되는 세계이다. 한몸이 되는 세계는 모든 갈망과 망상이 사라진 열반의 세계, 모든 고통으로부터 해방된 해탈의 세계, 세상의 본래 모습과 자신의 불성佛性을 자각하는 깨달음의 세계인 것이다. 따라서 불교의 궁극적 목적은 이러한 세계의 건설에 있으며, 이러한 불국정토佛國淨土는 인간이 스스로 자신의 삶의 주인(마음)이 되고, 세계의 주인이 될 때 이루어진다는 해탈의 주인관主人觀에 있다.

4. 술에 대하여 - 술을 마시면 생기는 36가지 허물

여기서는 부처님께서 보신 술에 대한 관점, 즉 붓다는 술에 대하여 어떻게 보고 생각하셨는지에 대하여 살펴보자. 먼저 불교 최초의 경전인 『숫타니파타』의 「파멸」에서 이렇게 경고하고 있다.

106. 여자에 빠지고, 술에 빠지고, 노름에 미쳐서 겨우 모은 재산을 깡그리 날려버리는 사람이 있다. 이것은 파멸의 문이다.
112. 술과 고기를 분별없이 먹으며, 재산을 마구 낭비하는 여자, 또는 이런 사내에게 재정권을 맡긴다면 이것은 파멸의 문이다.[4]

부처님께서는 또한 『불설분별선악소기경』에서 술을 마시면 36가지 허물이 있다고 다음과 같이 경계하고 계신다.

사람이 세간(세상)에서 술 마시고 취하기를 즐기면 36가지의 허물을 얻으리라. 어떤 것이 36가지 허물인가?
첫째는 사람이 술을 마시고 취하면 자식은 부모를 공경하지 않고, 신하는 인군人君을 공경하지 않아서 임금과 신하, 아버지와 아들이 위아래가 없으며, 둘째는 말하는 데 잘못이 많고, 셋째는 취하면 두 가지 말과 잔소리가 많아지고, 넷째는 사람들이 취하면 감추고 숨기었던 사사로운 일을 깜빡 말하게 되고, 다섯째는 취하면 문득 하늘을 꾸짖거나 사당에 오줌을 싸되 피하거나 거리낌이 없고,

---
4 석지현 옮김, 『숫타니파타』, 민족사, 1997.

여섯째는 길 가운데 누워서 돌아가지 못하거나 혹은 가졌던 물건을 잃어버리고, 일곱째는 취하면 문득 자신을 바르게 하지 못하고, 여덟째는 취하면 문득 끄덕거리며 게걸음을 걷다가 구덩이에 떨어지고, 아홉째는 취하면 문득 절룩거리다 넘어지고 다시 일어나 얼굴이 깨어지며, 열째는 사고파는 것이 잘못되어서 법에 걸리고, 열한째는 취하면 문득 일을 잊어서 생활을 걱정하지 않고, 열두째는 가진 재물이 줄어들고, 열셋째는 취하면 문득 처자妻子가 굶주리며 떨고 있는 것을 생각하지 않고, 열넷째는 취하면 문득 떠들고 욕하며 왕법王法을 겁내지 않고, 열다섯째는 취하면 문득 옷을 벗고 벌거숭이로 다니며, 열여섯째는 취하면 문득 망령되이 남의 집에 들어가 남의 부녀를 끌어당겨 어지러운 말을 하니 그 허물을 형용할 수 없고, 열일곱째는 사람들이 그의 곁을 지나면 더불어 다투고자 하고, 열여덟째는 땅을 밟고서 소리쳐 이웃을 놀라게 하고, 열아홉째는 취하면 문득 벌레와 짐승을 죽이고, 스무째는 취하면 문득 집안의 세간을 두드려 부수고, 스물한째는 취하면 문득 집안사람이 보기를 마치 주정뱅이처럼 해서 말과 말이 충돌하여 나오며, 스물두째는 나쁜 사람들과 한패가 되고, 스물셋째는 어질고 착한 이를 멀리하고, 스물넷째는 취했다가 깨어날 때 몸이 질병에 걸린 것 같고, 스물다섯째는 취하면 문득 토해내서 마치 악로惡露가 나오는 것 같으니 처자도 그 꼴을 미워하고, 스물여섯째는 취하면 문득 뜻이 혼탕昏蕩해져서 코끼리와 이리도 피하지 않고, 스물일곱째는 취하면 문득 경에 밝은 이와 도사道士와 사문沙門을 공경하지 않고, 스물여덟째는 취하면 문득 음란해져서 두려워

피하는 것이 없게 되고, 스물아홉째는 취하면 문득 미친 사람같이 되어 보는 사람이 모두 달아나고, 서른째는 취하면 문득 죽은 사람처럼 아무것도 모르고, 서른한째는 취하면 얼굴이 부풀거나 술병을 얻어 얼굴이 시들어 누렇게 뜨고, 서른둘째는 하늘·용·귀신들이 모두가 술 때문에 미워하고, 서른셋째는 친분이 두터운 벗들이 날마다 멀어지고, 서른넷째는 취하면 문득 윗사람 앞에 거만히 걸터앉아 보다가 혹 매를 맞거나 두 눈이 멀게 되고, 서른다섯째는 만萬으로 나누어진 뒤에는 태산지옥에 들어가서 구리와 쇠를 녹인 물이 입으로 들어가 뱃속을 태우면서 아래로 내려가니, 이와 같이 살고자 하여도 살 수 없고 죽으려 하여도 안 되기를 천만 세歲를 지내며, 서른여섯째는 지옥에서 나와 사람으로 태어나면 항상 어리석어서 아는 것이 없으리니, 지금 어리석어서 아는 것이 없는 사람은 모두 지난 세상 과거 생에 술을 즐겼기 때문에 이루어진 것이니라.

이와 같이 분명하니, 마땅히 술을 삼갈지니라. 술에는 36가지 허물이 있으니, 사람이 술을 마시면 36가지 허물을 모두 범하느니라. 항상 맑은 정신을 지켜 불음주의 계를 지키면 지혜 성취의 공덕이 있느니라.

◇ 문제 풀어보기

1. 다음 글의 밑줄 친 이것이 지칭하는 것으로 올바른 것은?

> 이것은 3가지의 의미를 가지고 있다. 첫째는 번뇌의 속박을 벗어나 자유로운 경계에 이르는 것이다. 둘째는 열반의 다른 이름으로 열반은 불교가 추구하는 궁극적인 이상의 경지이며, 여러 가지 속박에서 벗어난 상태이다. 셋째는 선정의 다른 이름으로, 속박을 벗고 자유자재로와지는 것이 선정의 덕이므로 '이것'이라 한다. 이것은 무엇인가?

① 정견　② 해탈　③ 수행　④ 정진

2. 다음은 네 가지 포용방법인 사섭법에 대한 설명이다. 틀린 것은?

① 사섭법은 보시, 애어, 자리, 동사섭을 말한다.

② 보시섭은 재물이나 부처님의 가르침을 베풀어주는 것이다.

③ 애어섭은 항상 부드럽고 사랑스러운 말로 대하는 것이다.

④ 동사섭은 더불어 함께 일하고 서로 협력하는 것을 말한다.

3. 다음은 네 가지 한량없는 마음에 대한 설명이다. 거리가 먼 것은?

① 사무량심은 사범주四梵住라고도 한다.

② 사무량은 무량광·무량수와 같은 용어이다.

③ 사무량심은 자비희사慈悲喜捨를 말한다.

④ 비무량심은 상대방의 불행과 고통을 없애주고자 하는 마음으로 발고拔苦를 의미한다.

4. 다음 설명 중 틀린 것은?

① 사섭법에서 섭攝은 중생을 끌어들여 오직 내 것으로만 만든다는 뜻이다.

② 부파불교는 기원전 300년경부터 기원전 100년경까지를 말한다.

③ 대승불교는 이타적인 보살행을 강조한다.

④ 모든 사람은 다 부처의 성품을 가지고 있다고 하는 것이 불성佛性이다.

5. 다음은 해탈에 대한 설명을 잘 보여주고 있는 경문이다. 이 내용과 거리가 먼 것은?

> 당신들이 구하는 법은 하늘에 태어나는 과보果報에 관한 것이지만, 나는 그렇지 않느니라. 나는 지금 뜻에 해탈을 구함이요, 있음을 취하고자 함이 아니다. (『불본행집경』)
> 부처님께서는 바라나시성 녹야원에서 여름을 보내신 후 모든 비구들에게 이와 같이 말했다. "수행자들이여, 나는 이미 그것이 천계天界이든 인간계人間界의 것이건 일체의 속박으로부터 해탈했다. 그대들 또한 천계와 인간계 일체의 속박으로부터 자유롭게 되었다." (『잡아함경』)

① 붓다가 구하고자 하는 해탈은 의식의 자각을 통한 속박으로부터의 해탈이었다.

② 붓다는 해탈을 신과 인간의 속박에 포함되는 것으로 보고 있다.

③ 천상계의 속박이란, 인간의 존엄성이 신의 권위 아래 묶이고, 인간이 스스로의 삶과 운명의 주인이 되지 못한 채 신의 노예로 전락되는 삶을 말한다.

④ 인간계의 속박이란, 권력과 재물과 쾌락을 더 많이 소유하고 누리는 것이 인생의 참 가치라 여기고, 이를 소유하고자 하는 과정에서 벌어지는 인간계의 참상을 말한다. 권력과 재물과 쾌락이 지배하는 사회에서 모든 인간이 권력의 노예, 재물의 노예, 쾌락의 노예가 되어버린 현실을 말한다.

6. 다음 설명 중 바르지 않는 것은?

① 붓다는 중생이 술을 마시면 36가지 허물이 있으나, 마음대로 먹어도 된다고 하고 있다.
② 무량無量에는 자慈·비悲·희喜·사捨의 네 가지 종류가 있다.
③ 불교의 궁극적 목적은 인간이 스스로 자신의 삶의 주인(마음)이 되고, 세계의 주인이 될 때 이루어진다는 해탈의 주인관主人觀에 있다.
④ 사무량심은 무량한 중생을 인연하여 낙樂을 얻고 고苦를 벗어나고자 사유하는 것이다.

7. 다음 글을 읽고 (　　) 속에 들어갈 말을 쓰시오.

사사섭四事攝이란 첫째는 조건 없이 베푸는 것(①)이고, 둘째는 사람들을 즐겁게 하는 것(②)이고, 셋째는 사람들을 이익 되게 하는 것(③)이고, 넷째는 일을 함께하는 것(④)이다.

①　　　　②　　　　③　　　　④

〈생각해 봅시다〉

1. 사무량심과 사섭법의 핵심에 대하여 생각해 보고, 나아가 사섭법의 실천방법에 대해서도 생각해 보자.

2. 붓다가 강조한 불교의 해탈관에 대하여 생각해 보자.

• 제10강 •

불전사물과 불상의 수인

1. 불전사물이란?

불전의 법구(法具=불구佛具): 법구란 불사佛事에 사용되는 도구를 말한다. 그리고 목탁木鐸은 원래는 목어와 같은 것이었으나 둥글게 만들어 목어와는 구별하여 쓴다. 목탁은 조석예불을 비롯한 각종 의식에 사용되며 대중을 모으는 신호용으로도 사용된다. 목탁이라는 말은 귀감, 사표 등의 뜻으로 널리 사용된다.

〈표 14〉 사물의 종류와 의미

사물의 종류	의미
①범종梵鐘	각종 의식에 사용되며 또는 대중을 모으거나 긴급한 상황을 알리는 신호용으로도 사용한다. 의식에서 종은 지옥에서 고통받는 중생을 구제하기 위해서 친다.
②법고	조석 예불을 위시한 의식에서 사용되며 주로 축생畜生을 제도하기

(法鼓, 북)	위해서 친다.
③목어木魚	물고기의 모양으로 나무를 깎아서 속을 판 것으로 의식(조석예불) 때에 사용하며, 물속에서 살고 있는 어류를 제도하기 위해서 친다.
④운판雲版	구름 쪽 모양으로 만든 청동판靑銅版으로 의식에 사용되며, 날아다니는 조류鳥類를 제도하기 위해서 친다.

〈사진1〉 불전사물

법고와 범종

목어 운판

2. 수인

수인(手印=인상印相)은 산스크리트로 'mudra'이며, 불보살의 깨달음의 경지·서원·공덕·사업이나 법계의 표치標幟로서 쓰는 몸가짐이다. 모다라母陀羅·목제라目帝羅라고도 음역하며, 인상印相·밀인密印·계인契印·인계印契 또는 줄여서 인印이라고도 번역한다. 인장처럼 허망하지 않다는 뜻이다. 몸가짐으로서 부처의 세계와 계합하려는 것이 이른바 인계印契 또는 신밀身密이다. 이것은 좁은 뜻으로는 수인手印을 가리키는 것이지만 넓은 뜻으로는 계인契印·삼매야형三昧耶形·불상·종자·진언까지도 포함된다. 이러한 인계를 통해서 삼마지三摩地에 들어가려는 것이 목적이다. 인계에는 다음의 세 가지 내용이 들어간다. ① 교리의 규범이라고 하는 뜻이다. 즉 삼법인法印이라고 할 때의 인印의 의미이다. ② 불보살의 손, 즉 도검刀劍·윤보輪寶·연화蓮華 등의 법구를 들고 있는 것으로 불보살의 본서本誓와 이상을 상징한다. ③ 행자의 인계는 법계의 실상과 여래의 신밀을 상징한다.

불상의 손 모양을 수인이라고 하는데, 수인에는 특별한 의미가 있다. 부처님의 덕을 나타내기 위하여 열 손가락으로 여러 모양을 만들어 표현하는 것이다. 수인은 불교교리의 중요한 의미가 담겨져 있으므로 불상을 만들 때 함부로 형태를 바꾸거나 다른 불상佛像의 수인을 사용해서는 안 된다. 따라서 수인은 불상을 구분하는 가장 중요한 기준이 된다.

수인의 종류는 석가모니 부처님의 근본 5인印, 아미타 부처님의 구품인九品印, 비로자나 부처님의 지권인智拳印 등 매우 다양하다.

아미타 부처님의 수인은 좌선 자세에서 양 손의 검지를 구부려서 손가락 끝을 붙이되, 검지의 등 쪽이 서로 맞닿도록 하는 상품상생인 등 9가지가 있다. 아미타 부처님의 구품인은 극락정토에 왕생하는 9가지 차별을 말하며, 상품·중품·하품을 각각 상·중·하로 세분한 것이다.[1]

경전에 설해져 있는 수인의 종류를 사례를 통해 살펴보자. 석가불정신인釋迦佛頂身印은 좌우 두 손[2]의 약손가락과 새끼손가락을 반대로 얽어(反叉) 손바닥 안에 넣고, 두 손의 가운뎃손가락은 곧바로 세워 손가락 끝을 서로 버티어 놓는다. 그리고 양손의 집게손가락 끝을 구부려 가운뎃손가락의 윗마디 뒤를 누르고 아울러 두 손의 엄지손가락을 세워서 가운뎃손가락의 중간 마디 옆을 버티고 집게손가락으로 오고가게 하는 것이다.(『다라니집경』) 이 수인은 능히 외도外道나 마혜수라摩醯首羅[3]의 진언 같은 모든 진언들을 풀 수 있고, 또한 능히 모든 악한 귀신들을 물리쳐 없앨 수 있으며, 또 중생의 5고苦와 8난難[4]을

1 5가지 고통이란 생生 · 노老 · 병病 · 사死와 애별리고(愛別離苦: 사랑하는 사람과 헤어지는 고통) · 원증회고(怨憎會苦: 미워하는 사람과 만나는 고통) · 구부득고(求不得苦: 구하여도 얻지 못하는 고통) · 오음성고(五陰盛苦: 인간을 구성하는 오온에는 언제나 고통이 무성함에서 오는 고통)의 여덟 가지 고통에서 생로병사를 하나의 항목으로 묶어서 5고苦라고도 한다.

2 광취불정(光聚佛頂, Tejoraśyuṣṇīṣaḥ 혹은 Uṣṇīṣa-Tejorāśi)의 결인結印이다.

3 마혜수라는 산스크리트 maheśvara의 음역으로 우주의 대주재신이다. 마혜수라摩醯守羅라고도 음역하며, 대자재천大自在天·자재천自在天이라고 의역한다. 쉬바Śiva신의 별명이다. 색계色界의 정상에 있는 천신이라고 한다.

4 여덟 가지 종류의 고난으로 ① 질병, ② 왕에 의한 고난, ③ 재물에 의한 고난,

구제할 수 있다는 수인이다.(『다라니집경』)

불정파마결계항복인주佛頂破魔結界降伏印呪은 앞의 신인(身印: 석가불정신인)에 준하되 단지 하나의 집게손가락은 곧추 세워서 끝을 서로 잡고, 양손의 가운뎃손가락은 각각 집게손가락의 윗마디의 뒤쪽 옆 부분을 밀치고 지나 끝을 서로 버텨 놓고, 아울러 양손의 엄지손가락을 구부려 손바닥 속에 넣는[5] 수인이다. 이 인印은 항상 몸을 보호하니 결계結界하는 데 사용한다. 석가모니 부처님께서 처음 성도成道하실 때에 보리수 아래 앉으시어 먼저 이 인을 결하시고 이 다라니를 송하셔서 몸을 보호하시고 결계하시어 모든 악마를 항복시키시고 등정각等正覺을 이루셨다. 따라서 이 인印은 능히 온갖 독충(毒)과 온갖 악귀惡鬼와 온갖 정매精魅와 온갖 악마(魔)를 제거할 수 있고 귀신의 주술을 모두 다 몰아낼 수 있으며, 모든 염독厭蠱과 저주呪詛와 구설口舌을 모두 소멸시켜 해칠 수 없게 한다.[6]

불정봉청인佛頂奉請印은 양손의 집게손가락을 똑바로 곧추 세워서로 거리가 4치 반 떨어지게 하고, 아울러 양손의 엄지손가락을 똑바로 세워 가운뎃손가락과 8푼 떨어지게 하는[7] 수인이다. 이 외에도

④물에 의한 고난, ⑤불에 의한 고난, ⑥옷과 발우에 의한 고난, ⑦수명에 의한 고난, ⑧망행莣行을 말한다.

5 阿地瞿多譯, 『陀羅尼集經』 第1卷(T18), p.787c. "准前身印 唯改二頭指竪 頭相捻 以二中指各 頭指上節背側 過頭相拄 並屈二大指入於掌內."

6 阿地瞿多譯, 앞의 책, p.787c. "此印常用護身結界 釋迦牟尼佛初成道時 坐菩提樹下 先用此印誦陀羅尼 護身結界降伏諸魔 成等正覺 是印 能解一切種種毒蟲 種種惡鬼 種種精魅 種種諸魔 鬼神呪術皆悉除遣 一切厭蠱呪詛口舌 皆悉消滅不能爲害."

7 阿地瞿多譯, 앞의 책, p.788a. "准前身印 唯改二頭指直竪 相去四寸半 並二大指直

『다라니집경陀羅尼集經』에는 29가지의 인계가 설해져 있다.

석가모니 부처님의 근본 5인은 다음과 같다.

〈그림 1〉 석가모니 부처님의 근본 5인

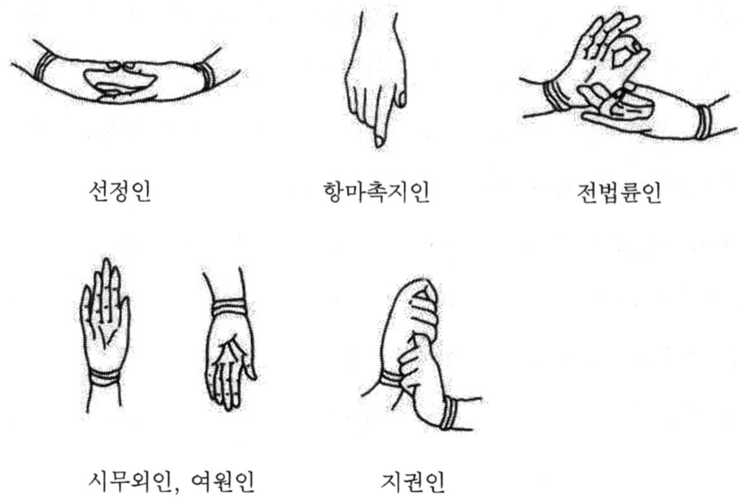

그러면 근본 5인에 담긴 수인의 의미는 무엇인지 도표로써 살펴보자.

竪 去中指八分.”

〈표 15〉 근본 5인에 담긴 수인의 의미

수인의 종류	수인에 담긴 내용
선정인 禪定印	• 삼마지인三摩地印이라고도 한다. 결가부좌 상태로 참선, 즉 선정에 들 때의 수인이다. 왼손의 손바닥을 위로 해서 배꼽 앞에 놓고, 오른손도 손바닥을 위로 해서 그 위에 겹쳐놓으면서 두 엄지손가락을 맞대는 형식이다.
항마촉지인 降魔觸地印	• 촉지인은 고대 인도의 맹세하는 자세이며, 부처님이 보리수 아래에서 깨달음의 경지에 들어가려 할 때 방해한 마왕 파순을 무찔렀던 자세로서 파마인破魔印·항마인降魔印·촉지인觸地印·능최복인能摧伏印이라고도 한다. 즉 부처님이 마왕 파순을 항복받기 위해 지신地神에게 부처님의 수행을 증명해 보라고 말하면서 지은 수인이다. • 왼손을 펴서 왼쪽 무릎 위에 위를 향하게 해두고, 오른손은 오른쪽 무릎 위에 엎어 놓으며, 그 손가락 끝은 땅을 가리키듯이 늘어뜨린 인계의 모습이다. 또는 오른손의 다섯 손가락을 펴서 무릎 위에 둔다. 이때 무릎은 지대地大를 의미하는 것이다. 이 수인은 석가모니 부처님만이 취하는 인상이다.
전법륜인 轉法輪印	• 설법인說法印이라고도 한다. 부처님이 성도 후 5비구에게 첫 설법을 하며 취한 수인으로 시대에 따라 약간씩 다른데, 우리나라에는 그 예가 많지 않다. 전법륜인은 이때 부처님이 하신 손 모양으로, 양손을 가슴까지 올려 엄지와 장지 끝을 서로 맞댄 후 왼손은 손바닥을 위로 하여 펴진 마지막 두 손가락 끝을 오른쪽 손목에 대고, 오른손은 손바닥을 밖으로 향한 형태이다.
시무외인 施無畏印· 여원인 與願印	• 시무외인은 이포외인離怖畏印이라고도 한다. 중생의 두려움을 없애주어 우환과 고난을 해소시키는 덕을 보이는 수인이다. 손의 모습은 다섯 손가락을 가지런히 위로 향하고 손바닥을 밖으로 하여 어깨 높이까지 올린 형태이다. • 여원인은 부처님이 중생에게 자비를 베풀고 중생이 원하는 바를 달성하게 하는 덕을 표시한 수인이다. 손바닥을 밖으로 하고 손가락은 펴서 밑으로 향하며, 손 전체를 아래로 늘어뜨리는 모습이다. 시무외인과 여원인은 부처님마다 두루 취하는 수인으로 통인通印이라고도 한다. • 석가모니불 입상立像의 경우 오른손은 시무외인, 왼손은 여원인을 취하고 있다.
지권인 智拳印	• 비로자나 부처님의 인상印相으로, 오른손으로 왼손의 둘째손가락 윗부분을 감싸는 모습인데, 손이 바뀌기도 한다.

	• 오른손은 부처님의 세계를 표현하고, 왼손은 중생계를 나타내는 수인으로 중생과 부처님이 하나임을 뜻한다. 이 수인은 법으로써 중생을 구제한다는 의미가 있다. 또 일체의 무명 번뇌를 없애고 부처의 지혜를 얻는다는 뜻이기도 하며, 이理와 지智는 둘이 아니고 부처와 중생은 같은 것이며, 미혹과 깨달음도 본래는 하나라는 뜻이다.

〈사진 2〉 선정인과 항마촉지인

선정인

항마촉지인

〈사진 3〉 지권인과 설법인

지권인

설법인

〈사진 4〉 전법륜인과 시무외인, 여원인

전법륜인

시무외인, 여원인

◆문제 풀어보기

1. 비로자나 부처님의 인상(수인)으로 중생과 부처님이 하나임을 나타내고 있는 수인은?

① 시무외인施無畏印　② 여원인與願印
③ 지권인智拳印　④ 전법륜인轉法輪印

2. 수행자 고타마가 보리수 아래에 앉아 성도成道할 때 마왕에게 항복받으신 장면을 나타낸 수인手印을 바르게 설명한 것은?

① 오른손을 어깨 높이까지 들어 올리어 손가락을 펴서 손바닥을 보이는 모양이다.
② 왼손은 가부좌한 발 위에 올려놓고, 오른손은 무릎 위에서 아래로 땅을 향하고 있다.
③ 왼손을 배꼽 부근에서 손바닥을 위로 향하고, 그 위에 오른손을 겹쳐 두 엄지를 맞대는 모양을 하고 있다.
④ 두 손을 가슴 앞에 모아서 각각의 엄지손가락을 손바닥으로 감추고 다른 손가락들로 감싸 주먹을 쥔 모양을 하고 있다.

3. 부처님의 생애 가운데서 성스러운 일이 일어났던 장소를 불교에서는 4대 성지라고 하는데, 다음 중 부처님께서 첫 설법을 하셨던 장소는?

① 룸비니 동산　② 바라나시　③ 붓다가야　④ 쿠시나가라

4. 다음 중 불가佛家의 생활에서 수행의 도구로 사용되는 사물四物에 해당하는 것을 바르게 연결한 것은?

ㄱ. 법고 ㄴ. 죽비 ㄷ. 목어 ㄹ. 요령 ㅁ. 운판 ㅂ. 염주 ㅅ. 범종

① ㄱ - ㄷ - ㅁ - ㅅ ② ㄱ - ㄴ - ㄹ - ㅅ
③ ㄴ - ㄹ - ㅁ - ㅂ ④ ㄴ - ㄷ - ㅂ - ㅅ

5. 법구法具 중에서 법고, 운판, 목어, 범종을 사물四物이라고 한다. 이 사물에 대한 설명으로 맞지 않는 것은?

① 범종: 천상과 지옥 중생을 제도하기 위하여
② 법고: 짐승을 비롯한 중생의 어리석음을 깨우치기 위하여
③ 목어: 물속에 사는 모든 중생을 제도하기 위하여
④ 운판: 땅속의 중생을 제도하기 위하여

6. 석가모니 부처님이 35세에 성도하실 때의 수인으로 마왕 파순의 항복을 받기 위해 자신의 수행을 지신에게 증명해 보라고 말하면서 지은 수인은?

① 항마촉지인 ② 선정인 ③ 전법륜인 ④ 지권인

7. 다음 수인에 대한 설명 중 틀린 것은?

① 선정인: 부처님이 마왕 파순의 항복을 받기 위해 자신의 수행을 지신地神에게 증명해 보라고 말하면서 지은 수인
② 전법륜인: 부처님이 성도 후 5비구에게 첫 설법을 하며 취한 수인

③ 시무외인: 중생의 두려움을 없애주어 우환과 고난을 해소시키는 덕을 보이는 수인

④ 여원인: 부처님이 중생에게 자비를 베풀고 중생이 원하는 바를 달성하게 하는 덕을 표시한 수인

8. 다음의 불전사물佛殿四物 중 부처님으로부터 6조 혜능까지 이어진 법맥이 28명이란 뜻에서 28번, 불교의 세계世界인 33천을 의미하여 33번, 백팔번뇌百八煩惱를 벗어나라는 뜻에서 108번을 치는 것처럼 횟수에 따라 의미가 달라지는 법구는 무엇인가?

① 법고　② 범종　③ 목어　④ 운판

9. 불전사물 중 목탁의 유래가 된 법구는 무엇인가?

① 법고　② 범종　③ 목어　④ 운판

10. 불교에서는 아침·저녁 예불 때 치는 네 가지 불구佛具가 있다. 이것을 불전사물이라 하는데 범종梵鐘, 법고法鼓, 목어木魚, 운판雲版이 그것이다. 불전사물의 치는 순서가 바르게 나열된 것은?

① 법고 → 목어 → 운판 → 범종 순으로 친다.

② 범종 → 법고 → 목어 → 운판 순으로 친다.

③ 목어 → 운판 → 범종 → 법고 순으로 친다.

④ 운판 → 범종 → 법고 → 목어 순으로 친다.

11. 부처님께서 깨달음에 이르는 순간을 상징하는 수인으로, 반드시 결가부좌한 좌상만이 취하는 것으로 입상이나 와상에서는 볼 수 없으며, 마왕을 물리친다는 의미가 담겨 있는 수인의 이름은?

① 설법인 ② 여원인 ③ 시무외인 ④ 항마촉지인 ⑤ 지권인

〈생각해 봅시다〉

1. 사찰의 불전사물에는 어떤 의미가 담겨 있을까?

2. 불상의 수인에는 무슨 의미가 들어 있을까? 생각해 보자.

• 제11강 •

한국 사찰문화에 담긴 의미를 찾아서

- 사찰과 심우도, 공양

1. 사찰

사찰은 수행의 도량이며 참회의 도량이자 정진의 도량으로, 탑·법당 등의 건축물로 구성되어 있다. 사찰의 유래는 인도의 죽림정사와 기원정사이다. 한국(고구려) 사찰의 최초는 이불란사와 초문사이며 가람, 도량道場, 절, 정사精舍라 불렸다. 사찰은 불도를 닦는 수행의 도량이며, 중생을 제도하는 전법의 도량이다. 또한 단순히 문화재로서의 사찰이 아니라 종교적 수행의 도량이다.

1) 탑(스투파)

탑은 우리가 접할 수 있는 불교 문화재 중에서도 가장 흔한 것이다. 원래는 무덤을 가리키는 말로 고대 인도 산스크리트어 '스투파stupa'에서 유래하였다. 스투파란 흙이나 돌로 높이 쌓아올린 분묘라는 뜻을 지니고 있다. 탑이란 말에는 분묘라는 뜻이 있으므로 불교 이전에도 존재했다고 생각되지만, 본격적인 탑은 부처님의 사리를 봉안하기 시작한 데서 유래되었다. 석가모니 부처님이 열반하기 전에 유훈으로 "4거리에 탑을 세우고 나의 사리를 그 속에 봉안하라."고 하시어 인근 여덟 나라가 처음으로 탑을 세웠는데, 이것이 근본팔탑根本八塔이 시초가 되었다. 훗날 탑에 대한 신앙이 점점 깊어지자 부처님이 입던 옷이나 발우 등의 유품을 넣은 탑도 조성하게 되었으며, 아소카왕 때 기존의 탑을 헐고 사리를 나눠어 전국 방방곡곡에 팔만사천 탑을 세웠다. 이로써 분묘라는 의미보다는 경배 대상으로서의 의미가 점차 확산되었으며, 처음에는 탑이 부처의 유언처럼 사람들이 많이 다니는 네거리에 세워졌으나, 아소카왕 이후부터는 주로 사찰(절)에 세워지게 되었다.

불교가 여러 나라에 전파되면서 각 나라의 자연환경에 따른 탑들이 건축되었으니 같은 동양권이라 해도 한국과 중국, 일본의 탑이 각기 특색이 있다. 중국에는 벽돌로 만든 전탑이 많으며, 우리나라에는 화강암으로 만든 석탑이, 일본에는 나무로 조성한 목탑이 발달하였다. 우리나라의 탑은 본래 목탑이 먼저 만들어진 것으로 추측된다. 현재 남아 있는 목탑은 거의 없으나 미륵사지 석탑(국보 제11호)과 정림사지 석탑(국보 제9호)은 목탑의 형식을 그대로 재현하여 백제 문화의 진수를 보여준다. 통일신라와 고려시대에는 석탑이 무수히 조성되었고, 조선시대에 세워진 우리나라의 대표적인 목탑은 법주사의 팔상전이다.

2) 사찰 건축물

사찰의 건축물은 법당 안에 모셔진 불상에 따라 그 이름이 달라진다.

• **법당 안의 구조**: 법당 안은 통상 상단-중단-영단(하단)의 구조로 이루어져 있다. 상단은 부처님 상과 보살상을 모시고 있다. 중단은 불법佛法을 수호하는 천신 등의 호법신장(신중)을 모시며, 하단(영단)은 영가(돌아가신 망자를 높여서 부르는 말)를 모신다.

2. 심우도: 법당 밖의 벽화 십우도(심우도)에 담긴 의미는?

마음을 찾아가는 길을 소와 소년의 비유로 표현함.

심우도心牛圖, 목우도牧牛圖, 십우도十牛圖 등 여러 명칭으로 불린다. 중국의 곽암廓庵 스님과 청거淸居 스님의 그림이 있다. 우리나라에는 주로 곽암 스님의 그림이 많이 알려져 있다. 심우도는 모두 10개의 장면으로 구성되어 있는데, 소는 인간의 본성에, 소년이나 스님은 불도佛道의 수행자에 비유된다.

중국에서는 소 대신 말을 등장시킨 10개의 말 그림(十馬圖)이, 티베트에서는 코끼리를 등장시킨 열 개의 코끼리 그림(十象圖)이 전해진다. 한국에는 송나라 때 제작된 곽암본과 보명본이 전해져 2가지가 조선시대까지 함께 그려졌는데, 현재는 보명본보다 곽암본이 널리 그려진다. 곽암본과 보명본은 용어와 화면 형식이 다르다. 곽암본은 처음부터 마지막 단계까지 원상圓相 안에 그림을 그리는 데 비해, 보명본은 10번째 그림에만 원상을 그린다. 그러면 곽암본을 기초로 심우도의 각 그림에 담긴 내용을 살펴보자.

① 심우尋牛

소년이 소를 찾아 나서고 있는 장면이다. 소를 왜 잃어버렸는가 하는 원인에 대한 규명은 그다지 중요하지 않다. 그보다는 먼저 소를 잃어버렸다는 것을 자각하고 찾아 나서는 것이 급선무이다. 마치 화재가 났을 때, 방화범은 누구이며 피해액은 얼마인가를 따지기 이전에 우선 불을 꺼야 하는 것과 같다. 그와 같이 과연 무엇이 가장 급선무인가를 파악하고 실천해야 함을 알려 주는 그림이라고 할 수 있다. 여기서 잊어버린 자신의 본성을 찾아 헤매는 것은 불도수행의 입문入門을 일컫는다.

〈그림 1〉 심우

② 견적見跡

소의 발자국을 발견하였다. 여기서 중요한 것은 소의 발자국은 결코 소 그 자체가 아니라는 사실이다. 그런데도 소 발자국을 보고 소를 찾은 양, 도중에 안도해버릴 위험성을 내포하고 있다. 마치 우리가 어떤 목적을 향해 가다가 수단을 목적으로 착각하고 쉽게 안주하듯이 말이다. 이 장면에 담긴 의미는, 소의 발자국을 발견하고 그것을 따라가는 것처럼, 수행자도 꾸준히 노력하다 보면 본래 가진 부처 성품(本性)의 발자취를 느끼기 시작한다는 뜻이다.

〈그림 2〉 견적

③ 견우見牛

소년이 소의 뒷모습이나 소의 꼬리를 발견한다. 수행자가 사물의 근본원리(근본진리)를 보기 시작하여 견성見性에 가까웠음을 뜻한다. 이 장면은 진리와 목표를 추구하고 노력하면 마침내 이루게 된다는 가능성을 시사해 주는 내용이 되겠다.

〈그림 3〉 견우

④ 득우得牛

드디어 소년이 소의 꼬리를 잡아 고삐를 걸어 힘껏 잡아당기고 있다. 이것은 수행자가 자신의 마음에 있는 불성佛性을 꿰뚫어보는, 즉 모든 망념과 미혹을 버리고 자기 본래의 성품인 자성을 깨달아 앎(見性)의 단계에 이르렀음을 뜻한다. 비로소 소는 붙잡았으나 그동안 소는 이미 야성野性에 물들어 좀처럼 소년의 말에 따르려고 하지 않는다. 그러나 자신의 소라는 확신이 있으므로 소년이 쉽게 포기하지 않듯이, 우리에게 불성이 있음을 믿기 때문에 비록 당장 결과는 보이지 않더라도 정진을 멈추지 않는 것과도 같다.

〈그림 4〉 득우

⑤ 목우牧牛

소년이 소에 코뚜레를 뚫어 길들이며 끌고 가는 모습이다. 얻은 본성을 고행과 수행으로 길들여 3가지 독(三毒)의 때를 지우는 단계로 소도 점점 흰색으로 변화된다. 이 단계에는 득우得牛에서와 같은 갈등은 이제 사라졌으나, 아직 고삐라는 제약이 남아 있는 상태에서 서로 조화된 모습을 엿볼 수 있다.

〈그림 5〉 목우

⑥ 기우귀가騎牛歸家

흰 소에 올라탄 소년이 피리를 불며 집으로 돌아오고 있는 모습이다. 더 이상 아무런 막힘이 자유로운 무애의 단계로 더할 나위 없이 즐거운 때이다. 이때는 서로가 서로를 이미 구속하지 않는 단계이다. 그러나 과연 소년이 소를 타고 집으로 돌아가는 것일까? 아니면 소가 소년을 태우고 돌아가고 있는 것일까? 우리는 매사를 일방적으로만 생각하는 경향이 많다. 때로는 상대의 입장에 서서 한번쯤 생각해 보는 여유가 필요하다.

〈그림 6〉 기우귀가

⑦ 망우존인忘牛存人

소는 없고 소년만 앉아 있다. 소는 단지 방편일 뿐, 고향(本性)에 돌아온(찾은) 후에는 모두 잊어야 한다. 사실 소는 내 본성을 찾기 위한 수단에 불과한 것임을 알려 주고 있다.

『금강경』에 보면 부처님은 당신의 설법을 '강을 건너기 위한 뗏목'에 비유하고 계신다. 부처님은 당신의 말씀만이 오직 절대적인 것이라고 고집하신 분이 아니시다. 병이 나았으면 더 이상 약이 필요 없듯이, 뗏목은 강을 건너기 위한 사람에게만 필요한 것이다.

〈그림 7〉 망우존인

⑧ 인우구망人牛俱忘

사람도 소도 없어지고 단지 둥그런 원圓만이 있다. 실체가 없는 모두 공空임을 깨닫는다는 뜻으로 텅 빈 원의 모습만 그려져 있다. 그러나 이 원은 갑자기 나타난 것이 아니라 처음부터 있었다. 그런데도 그동안 원을 보지 못했던 것은 소년이 소에 정신이 팔려있었기 때문이다. 이와 같이 어떠한 존재라도 그것을 인식할 때만이 비로소 존재하게 되는 것이다. 우리가 주변 일에 정신이 팔려서 진정 중요한 것을 놓치고 살고 있지는 않는지? 시사하는 바가 많다. 그러나 깨달음의 단계에 이르렀다고 하여 어떤 새로운 세계가 전개되는 것이 아니라, 오히려 텅 빈(空) 세계인 점에 우리는 주목해야 할 것이다.

〈그림 8〉 인우구망

⑨ 반본환원返本還源

강물은 잔잔히 흐르고 꽃은 붉게 피어 있는 산수풍경만이 그려져 있다. 항상 존재하고 있는 그대로의 세계를 깨닫는다는 것으로, 이것은 우주를 아무런 번뇌 없이 참된 경지로 바라보는 것을 뜻한다. 이 반본환원은 우리가 본성을 되찾았을 때, 그 배후에 있던 자연이 모습을 드러낸 것이다. 즉 자연은 그 어떤 대상도 분별과 차별을 하지 않고, 아무런 꾸밈도 주관도 없는 본래 자연의 모습 그대로 존재해 온 것이다. 거기에 비하면 우리는 대상에 따라 태도를 바꾸고 온갖 가식을 동원하면서 살고 있지는 않는가? 진정 자기 자신의 주인공은 누구인지 화두로써 참구할 일이다.

〈그림 9〉 반본환원

⑩ 입전수수入廛垂手

포대 화상布袋和尙 이미지를 연상시키는 노인이 소년에게 무언가를 베풀고 있다. 육도중생의 골목에 들어가 손을 드리운다는 뜻으로 중생제도를 위해 속세로 나아감을 뜻한다. 즉 중생제도를 위해 거리로 나와서 이타행利他行을 하고 있는 모습이다. 불교가 궁극적으로 무엇을 추구하고 있는지를 잘 대변해 주고 있다. 깨달음의 완성은 바로 중생 교화에 있는 것이다. 전체적으로 정리해 보면, 심우도는 우리들의 가슴속에 노닐고 있는 한 마리의 소(본성)를 찾아내고, 그것을 잘 다스려서 근본자리로 돌아갈 수 있기까지의 수행과정을 알기 쉽게 그림으로 표현해 놓은 것이다.

〈그림 10〉 입전수수

3. 공양

공양供養은 범어 Pūjanā로 공시供施·공급供給·공供·공급하여 자양(資養: 재물로 도움)한다는 뜻이다. 음식·옷 따위를 삼보·부모·스승·죽은 이 등에게 공급하여 자양하는 것을 말한다. 공양은 불법승佛法僧 3보三寶나 사자死者의 영靈 등에 대해서 공물을 바치는 것을 가리킨다. 인도의 브라만교에서 동물공희(動物供犧: Animal sacrifice)를 행했던 것에 대해서, 불살생의 교의를 가르치는 불교에서는 인도의 원주민이 행한 것처럼 기름을 바르고, 등불을 밝히며, 향을 피우고, 꽃과 물을 바치는 등 공양의 풍습이 형성되었다고 한다. 공물供物로서는 의복·음식 등의 재물이나 공경恭敬·찬탄·예배 등의 정신적인 법이 사용된다.

탑파공양塔婆供養이나 사자死者를 위한 추선공양追善供養, 아귀餓鬼를 위한 시아귀공양施餓鬼供養, 개안공양開眼供養, 종공양鐘供養 등이 불교행사로 행하여지고 있다. 또한 불교에서는 승려가 하는 식사나 재가신자가 사찰에서 식사를 하는 것도 공양의 일종이라고 보아 발우공양鉢盂供養이라는 용어를 사용한다.

1) 발우 공양

발우鉢盂는 스님들이 공양할 때 쓰는 물건으로, 나무를 깎아서 만든 그릇이며 보통 4개로 되어 있다. 발우는 부처님 당시부터 출가 수행자들이 공양할 때 쓰던 밥그릇으로, 오늘날에도 스님들에게는 소중한 법구이다.

발우에 대한 연원은 경전을 통해 알 수가 있는데, 『방광대장엄경方廣

大莊嚴經』에 의하면 발우를 최초로 부처님께 공양한 분은 사천왕이다. 부처님이 정각正覺을 이루신 후, 비사천왕이 과거 전생의 일을 떠올려서 다른 천왕들에게 돌 발우를 보시하려면 지금이 바로 그때라고 말해 준다. 그러자 사천왕은 저마다 제 궁전으로 돌아가서 여러 권속들과 함께 그 돌 발우를 가져다 하늘 꽃을 가득히 담고 향을 바르고는 여러 하늘 풍악을 아뢰면서 돌 발우를 공양하려고 부처님께 와서 각각 발우를 여래께 바쳐 올렸다. 그리고는 부처님께 아뢰었다. "세존이시여, 여래께서는 오직 저희들이 바치는 돌 발우를 받으시어 상인들의 음식을 받으시옵고, 저희들은 오랜 동안에 큰 안락을 얻으며 법 그릇을 이룰 수 있게 해주기를 바라나이다. 저희들을 가엾이 여기소서." 그때 세존께서는 생각하셨다. '사대천왕이 깨끗한 신심으로 나에게 발우를 보시하는데, 그러나 내가 네 개의 발우를 받아 지님은 합당하지 못하다. 만약 한 개만 받고, 다른 세 개를 받지 않으면 저 두 왕이 반드시 원망을 하리라. 그러므로 나는 이제 네 왕이 바치는 발우를 모두 받으리라.' 그때 세존께서는 사천왕의 발우를 받으시고 이렇게 차례대로 서로 포개 놓고 오른손으로 누르자 합쳐서 한 개의 그릇이 되었다고 설하고 있다. 또한 부처님의 발우에 처음으로 공양한 사람은 상인의 무리들이었다.

> 때에 그 상인들은 크게 기뻐하며 곧 제호에 으뜸가는 멥쌀을 넣어 죽을 쑤고 좋은 향내 나는 꿀을 타서 전단의 발우에 담아 가지고 다연림多演林에 나아가 여래께 받들어 올리고 부처님께 아뢰었다. "세존이시여, 가엾이 여기시여 우리의 이 음식을 받으소서."

『구잡비유경』에도 발우 공양에 대한 다음과 같은 일화가 있다.

옛날 사위성 밖에 사는 어떤 부인은 청신녀淸信女가 되어 계행을 순수하게 갖추었다. 부처님께서 그 집 문에 가서 걸식하실 때, 부인은 부처님 발우에 밥을 담고 물러나 예배하였다. 그때 부처님께서 말씀하셨다.
"하나를 심으면 열이 생기고, 열을 심으면 백이 생기며, 백을 심으면 천이 생긴다. 이리하여 만이 생기고, 억이 생기며, 또 도를 보는 자리를 얻게 된다. 땅은 지각이 없는 것이지마는 그 갚음이 그러하거늘, 하물며 기뻐하면서 한 발우의 밥을 여래에게 올림이겠는가? 그 복은 이루 다 헤아릴 수 없다."

이 일화에서 발우 공양에 대한 공덕은 무량한 복이 있다는 것을 알 수 있다. 다음은 발우 공양에 대한 마음자세는 어떠해야 하는가를 알 수 있는 경문이다.

만일 발우 안에 들어온 음식이면 거칠거나 좋거나 적거나 많거나 깨끗하거나 깨끗하지 않거나 간에 모두 받아 마음에 근심하거나 기뻐하는 일이 없어야 하며, 항상 청정한 마음으로 모든 법의 몸을 관찰해야 하며, 나아가 몸을 살려서 거룩한 도를 수행하기 위하여 음식을 받는 것이다. (『대보적경』)

이 경문의 내용에서 발우 공양의 자세를 알 수 있는데, 이 내용은 오늘날 풍부한 물질만능 속에 살고 있는 우리 현대인들도 자각해야 될 내용이다. 그리고 발우 공양의 정신에는 5가지 의미가 내포되어 있다. 첫째는 모든 사람이 똑같이 나누어 갖는 평등 공양의 의미가 함축되어 있고, 둘째는 철저히 위생적인 청결 공양의 의미가 들어 있고, 셋째는 조금도 낭비가 없는 절약 공양이라는 점이며, 넷째는 공동체의 단결과 화합을 고양시키는 공동 공양의 정신이 내포되어 있으며, 다섯째는 공양을 위해 수고한 모든 이들에게 감사를 잊지 않는 복전福田 사상이 깃들어 있는 감사 공양의 의미가 내포되어 있다.

우리가 흔히 말하고 있는 공양에 담긴 의미를 간단히 살펴보자. 불교에서 말하는 의미의 공양은 자신의 몸을 태우면서 주위를 밝히는 초처럼 자신을 희생하면서 세상을 광명의 천지로 밝힌다는 의의를 지닌다. 공양을 하면서 불교신자는 부처님이 설한 계향, 정향, 혜향, 해탈향, 해탈지견향 등으로 사바세계에 맑은 법의 향기(法香)을 공양하는 향을 피우고, 자신의 몸과 마음이 재가 될지라도 어두운 번뇌의 세계를 밝힌다는 마음으로 자기 내면의 향초를 켠다는 태도를 가진다. 이런 의미에서 공양은 불교의 실천수행법 중의 하나라고 할 수 있다.

2) 육법 공양(향·등·꽃·과일·차·쌀)의 의미

향은 해탈향解脫香이라고 해서 해탈을 의미한다. 자신을 태워 주위를 맑게 하므로 희생을 뜻하기도 하고 화합과 공덕을 상징하기도 한다. 등은 반야등般若燈[1]으로서 지혜와 희생·광명·찬탄을 상징한다. 꽃은

1 여기에 관한 유명한 일화가 『현우경』 3권에 나오는 「빈녀난타품」이다. 가난한 여인인 난타가 부처님 전에 밝힌 소박한 등잔불은 부자들의 호화로운 등에 비해

만행화萬行花로서 꽃을 피우기 위해 인고의 세월을 견딘다고 해서 수행을 뜻하며, 장엄·찬탄을 상징하기도 한다. 과일은 보리과菩提果로서 깨달음을 상징한다. 차는 감로다甘露茶라고 해서 부처의 법문이 만족스럽고 청량하다는 것을 상징한다. 마지막으로 쌀은 선열미禪悅米로서 기쁨과 환희를 상징한다.

3) 향과 초를 부처님 전에 밝히는 의미

향과 초는 자기 몸을 태움으로써 아름다운 향기와 밝은 빛을 발산하여 밝음을 주는데, 여러 가지 향이 타도 하나로 융합되는 향 연기 속에서 개인의 이기심을 넘어서 모든 사람의 화합을 배우고, 자신의 몸을 태워 밝은 빛을 내는 희생의 의미를 배워 마음의 향과 마음의 촛불을 밝힌다는 의미가 들어 있다.

보잘 것 없었지만, 지극한 정성이 깃들어 있었기 때문에 다른 호화로운 등불보다 더 밝고 더 오래 빛났다고 한다.

◇ 문제 풀어보기

1. 법당 안에 제석천이나 사천왕, 대범천 등 천상의 성중과 천天, 용, 야차, 건달바, 아수라, 긴나라, 가루라, 마후라가 등 팔부신장을 모신 단상을 무엇이라고 하는 가?

① 신중단 ② 영단 ③ 상단 ④ 하단

2. 탑에 대한 설명 중 사실과 거리가 먼 것은?

① 고대 인도어로 스투파stūpa 혹은 투파thūpa를 음역한 것이다.

② 인도의 탑은 대부분 삼층이며, 꼭대기에 일산 모양의 장식이 세워져 있다.

③ 아소카왕 때 기존의 탑을 헐고 사리를 나누어 전국 방방곡곡에 팔만사천 탑을 세웠다.

④ 조선시대에 세워진 우리나라의 대표적인 목탑은 법주사의 팔상전이다.

3. 다음은 부처님의 발우에 대한 내용 설명이다. 옳지 않은 것은?

① 발우에 대한 연원의 시작은 사천왕의 돌 발우 보시에서 시작되었다.

② 부처님의 발우에 최조로 공양한 사람은 상인 무리들이었다.

③ 부처님은 사천왕에게서 금 발우를 보시 받았다.

④ 발우 공양에 대한 공덕은 무량한 복이 있다고 한다.

4. 사찰의 의미를 잘못 설명한 것은?

① 부처님의 가르침에 따라 불도佛道를 닦는 수행도량
② 불법佛法을 널리 펴서 중생을 제도하는 전법傳法의 장
③ 많은 대중들이 모여 살며 집회를 하고 여러 행사를 하는 곳
④ 전통 문화재를 관리하고 보수하는 곳

5. 다음은 십우도十牛圖에 대한 설명이다. 여기에 대한 내용과 거리가 먼 것은?

① 마음을 찾아가는 길을 소와 소년의 비유로 표현한 그림으로, 사찰 벽화에 그려진다.
② 심우도心牛圖, 목우도牧牛圖, 십우도十牛圖 등 여러 명칭으로 불린다.
③ 소는 불도佛道의 수행자에, 소년이나 스님은 인간의 본성에 비유된다.
④ 한국의 사찰에서는 현재 보명본보다 곽암본이 널리 그려지고 있다.

6. 다음 보기가 설명하는 것으로 적당한 것은?

> 이 모습은 소년이 소를 찾아 나서고 있는 장면이다. 이때의 소년은 자신의 내면에 감추어져 있는 불성佛性을 찾아나서는 장면을 묘사한 것이다.

① 견적見跡 ② 심우尋牛 ③ 목우牧牛 ④ 득우得牛

7. 다음 설명 중 틀린 것은?

① 견우見牛는 소년이 인간의 본성의 작은 실마리가 되는 모습을 발견하는 모습이다.

② 기우귀가騎牛歸家는 서로가 서로를 이미 구속하지 않는 단계를 말한다.

③ 망우존인忘牛存人에서 소는 내 본성을 찾기 위한 수단에 불과한 것이다.

④ 반본환원返本還源은 우리가 본성을 되찾았으나, 그 배후에 있던 자연의 모습은 볼 수 없다.

8. 다음 보기가 설명하는 것으로 적당한 것은?

> 이것은 결국 우리들의 가슴속에 노닐고 있는 한 마리의 소(본성)를 찾아내고, 그것을 잘 다스려서 근본자리로 돌아갈 수 있기까지의 수행과정을 알기 쉽게 그림으로 표현해 놓은 것이다.

① 원상도　② 팔상도　③ 나한도　④ 목우도牧牛圖

9. 다음은 공양의 의미를 설명한 것이다. 바르지 않은 것은?

① 공양供養은 공시供施·공급供給·공供·공급하여 자양資養한다는 뜻이다.

② 음식이나 옷 등의 물건들을 부모님이나 스승에게 바치는 것이다.

③ 친구가 가지고 있는 물건이 갖고 싶어서 달라고 하는 것이다.

④ 등불을 밝히며, 향을 피우고, 꽃과 곡물을 바치는 등의 모습은 공양 풍습의 예이다.

10. 다음은 6가지 공양인 육법 공양 중의 어떤 것에 대한 설명이다. ( ) 속에 들어갈 말을 쓰시오.

(①)은 (②)이라고 해서 해탈을 의미한다. 자신을 태워 주위를 맑게 하므로 희생을 뜻하기도 하고 화합과 공덕을 상징하기도 한다.

① ②

11. 다음 설명 중 틀린 것은?

① 불교에서는 향 공양·등 공양·꽃 공양·재물 공양·과일 공양·차 공양을 육법 공양이라고 한다.

② 등 공양은 반야등般若燈이라고 하며, 지혜와 희생·광명·찬탄을 상징한다.

③ 꽃 공양은 만행화萬行花로서 꽃을 피우기 위해 인고의 세월을 견디는 수행을 뜻한다.

④ 과일 공양은 보리과菩提果로 깨달음을 상징하며, 차 공양은 감로다甘露茶라고 해서 부처님의 법문이 만족스럽고 청량하다는 것을 상징한다.

⑤ 쌀공양은 선열미禪悅米로서 기쁨과 환희를 상징한다.

12. 다음 설명 중 틀린 내용은?

① 향과 촛불은 자기 몸을 태움으로써 아름다운 향기와 밝은 빛을 발산하여 밝음을 준다.

② 개인의 이기심을 넘어서 모든 사람의 화합을 배우게 하는 정신이 들어 있다.

③ 자신의 몸을 태워 밝은 빛을 내는 희생의 의미보다는 자만의 정신이다.

④ 불교의 향 공양과 등 공양의 진정한 의미는 삼독을 타파하기 위한 마음의 향과 마음의 촛불을 밝히기 위한 것이다.

13. 다음은 어떤 것에 대한 설명이다. 밑줄 친 이것은 무엇인지 쓰시오.

이것은 첫째는 모든 사람이 똑같이 나누어 갖는 평등 공양의 의미가 함축되어 있고, 둘째는 철저히 위생적인 청결 공양의 의미가 들어 있고, 셋째는 조금도 낭비가 없는 절약 공양이라는 점이며, 넷째는 공동체의 단결과 화합을 고양시키는 공동 공양의 정신이 내포되어 있다고 할 수 있다. 다섯째는 공양을 위해 수고한 모든 이들에게 감사를 잊지 않는 복전福田 사상이 깃들어 있는 감사 공양의 의미가 내포되어 있다.

이것은 ________ 이다.

14. 다음은 중생衆生에 대한 설명이다. 옳지 않은 것은?

① 불교에서 인간을 위시하여 생명을 가진 모든 생물을 가리키는 말이다.

② 인간과 다른 동물 사이에 절대적인 차이를 두지 않으며, 그 어느 것도 윤회하는 영혼이 머무는 상태에 지나지 않는다고 한다.

③ 현실의 동물 외에 상상의 새 등의 신화적·공상적 존재도 또한 중생으로 간주되며, 중생은 해탈할 때까지 윤회를 반복한다.

④ 일체의 중생은 모두 부처의 불성(성불의 가능성)을 가지고 있다(一切衆生悉有佛性)고 하는 것은 중생에 대한 유한한 자비와 신뢰를 내포하고 있는 것으로 이해된다.

〈생각해 봅시다〉

1. 사찰의 의미와 심우도에 대하여 생각해 보자.

2. 6가지 공양(육법 공양)과 발우 공양에 담긴 의미는 무엇일까?

• 제12강 •

불교의 효孝사상

- 불설대보부모은중경

불교 최초의 경전인 『숫타니파타』의 98게에서는 "자기 자신은 풍족하고 즐겁게 살면서 늙은 부모를 모시지 않으려는 사람이 있다. 이것이 파멸의 문이다."라고 경고하고 있다. 또 124게에서는 "재산이 많으면서도 늙은 부모를 봉양하려 하지 않는 사람, 이런 사람을 일컬어 '비천한 사람'이라 한다."라고 하고 있다. 그리고 더없는 행복이란, 262게에서는 "부모를 섬기고 아내와 자식들을 사랑하고 아껴주는 것, 이것이 더없는 행복이다."(『숫타니파타』)라고 알려주고 있다.

부처님은 당시 아버지 부왕의 서거 소식을 듣고 달려가 임종을 곁에서 지키고, 직접 아버지의 관을 들었다는 경전의 기록에서 부처님의 효孝 사상이 어떠했는지를 짐작할 수 있다. 이뿐만 아니라 전생의 부모를 만났을 때, 집에서 버림받아 길거리를 헤매는 노숙자 부모들을 만났을 때 그들에게 행했던 효심孝心 등이 경전에 기록되어 있다.

이처럼 부처님의 효 사상을 알 수 있는 경전은 다양하며, 여기서는 그 대표적 경전인 『불설대보부모은중경』[1]에 나타나 있는 불교의 효 사상에 대해 살펴보겠다.

〈그림 1〉 불설대보부모은중경

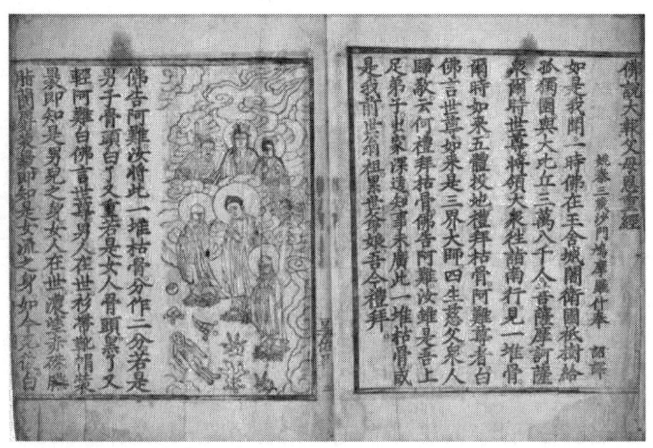

佛說大報父母恩重經
姚秦三藏沙門鳩摩羅什奉 詔譯
如是我聞一時佛在王舍城闍衛國祇樹給
孤獨園與大比丘三萬八千人菩薩摩訶薩
衆爾時世尊將領大衆往詣南行見一堆骨
爾時如來五體投地禮拜枯骨阿難尊者白
佛言世尊如來是三界大師四生慈父衆人
歸敬云何禮拜枯骨佛告阿難汝雖是吾上
足弟子出家深遠知事未廣此一堆枯骨或
是我前世祖先累世爺孃吾今禮拜

佛告阿難汝將此一堆枯骨分作二分若是
男子骨頭白了又重若是女人骨頭黑了又
輕阿難白佛言世尊男人在世衫帶靴帽裝
束即知是男兒之身女人在世濃塗赤粧臙
脂蘭麝裝飾即知是女流之身如今死後白

제1분. 법회를 이루다(서분 - 이 경의 연유)

이와 같이 내가 들었다. 한때 부처님께서 사위국舍衛國 왕사성王舍城에 있는 기수급고독원祇樹給孤獨園에서 대비구比丘 삼만팔천 인과 그밖에 많은 보살마하살들과 함께 계셨다.

1 이 경은 중국 찬술 위경으로 편저자는 요진 삼장 사문 구마라집鳩摩羅什이다. 부모의 은혜에 대한 보은을 가르치는 내용으로 위경僞經이지만, 효를 강조하는 중국이나 우리나라에서 많이 간행된 불경이다.

제2분. 마른 뼈의 가르침(정종분)

그때에 세존께서 대중을 거느리시고 남방으로 나아가시다가 한 뼈 무더기를 보시더니 오체를 땅에 붙이시어 그 마른 뼈에 정중히 예배하셨다. 이를 본 아난과 대중이 부처님께 말씀드렸다.

"세존이시여, 여래께서는 바로 삼계의 큰 스승이시며 사생四生의 어버이시라, 여러 사람들이 귀의하고 공경하옵거늘, 어찌하여 이름 모를 뼈 무더기에 친히 절하시옵니까?"

부처님께서 다시 아난에게 이르셨다.

"네가 비록 나의 뛰어난 제자(상족제자上足弟子)이며 출가한 지도 오래되었지만 아는 것은 넓지 못하구나. 이 한 무더기의 마른 뼈가 어쩌면 내 전생의 조상이거나 여러 대에 걸친 부모일 것이므로 내가 지금 예배한 것이니라."

부처님께서 다시 아난에게 이르셨다.

"네가 이 한 무더기 마른 뼈를 둘로 나누어 보아라. 만일 남자의 뼈라면 희고 무거울 것이며, 여인의 뼈라면 검고 가벼우리라."

아난이 부처님께 말씀드렸다.

"세존이시여, 남자는 이 세상에 살아 있을 때 큰 옷을 입고 띠를 두르고, 가죽신을 신고, 사모로 장식하는 까닭에 남자의 몸인 줄을 알며, 여인은 이 세상에 살아 있을 때는 연지와 곤지를 곱게 바르고 난초와 사향으로 치장하는 까닭으로 여인의 몸인 줄을 알게 되지만, 지금처럼 죽은 후의 백골더미를 가지고 제자로 하여금 어떻게 알아보라고 하십니까?"

부처님께서 다시 아난에게 이르셨다.

“만일 남자라면 세상에 있을 때에 가람에 들어가서 법문도 듣고 경도 외우며 삼보三寶께 예배하고 염불도 하였을 것이니라. 그런 까닭에 그 사람의 뼈는 희고 또 무거우니라. 그러나 여인은 세상에 있을 때에 감정을 함부로 하고 음욕을 행하여, 자녀를 낳고 기름에 있어 한번 아기를 낳을 때에 3말 3되나 되는 엉킨 피를 흘리며, 아기는 어머니의 흰 젖을 8섬 4말이나 먹느니라. 그런 까닭에 뼈가 검고 가벼우니라.”

아난이 이 말씀을 듣고 가슴이 터질듯하여 눈물을 흘려 슬피 울면서 부처님께 말씀드렸다. “세존이시여, 어머님의 은덕을 어떻게 보답할 수 있으오리까?”

〈그림 2〉 부처님이 해골 무더기에 예배하시는 장면

제3분. 잉태하였을 때의 고생

부처님께서 아난에게 이르셨다.

"너는 이제 자세히 들어라. 내가 너를 위하여 분별하여 해설하리라. 무릇 사람이 이 세상에 있게 됨은 부모를 인연하기 때문이니라. 아버지가 아니면 나지 못하고 어머니가 아니면 자라지 못하나니, 어머니 몸속에 의지하여 달이 차면 이 땅에 태어나게 되느니라. 이로부터 어머니는 8섬에 4말의 젖을 자식에게 먹이고 열 손가락 손톱에 묻은 자식의 더러운 것을 먹으니, 어머니의 은혜는 하늘과 함께 다함이 없느니라. 어머니가 아이를 배게 되면 열 달 동안 그 고통이 말할 수 없느니라.

어머니가 잉태 후 첫 달에는 그 기운이 마치 풀 위에 맺힌 이슬방울과 같아서 새벽에는 피가 모여 왔다가 저녁만 되면 흩어져 가나니라. 어머니가 잉태한 지 두 달이 되면 마치 엉긴 우유방울이 떨어져 부딪힌 것과 같으니라. 어머니가 잉태한 지 셋째 달에는 그 기운이 마치 엉긴 피와 같으며, 어머니가 잉태한 지 넷째 달에는 차츰 사람의 모양을 이루고, 어머니가 잉태한 지 다섯째 달이 되면 어머니의 뱃속에서 다섯 가지 모양이 생겨나게 되나니, 다섯 가지 모양이란 머리가 그 하나요, 두 팔꿈치를 합하여 셋이 되며, 무릎을 합하여 모두 다섯이 되느니라. 어머니가 잉태한 지 여섯째 달이 되면 태아가 어머니의 뱃속에서 여섯 가지 정이 열리게 되나니, 여섯 가지 정이란 눈과 귀와 코와 입과 혀, 그리고 뜻을 가리키는 것이니라. 어머니가 잉태한 지 일곱째 달이 되면 태아가 어머니의 뱃속에서 삼백육십 개의 뼈마디와 팔사천 개의 털구멍이 생기게 되느니라. 어머니가 잉태한 지 여덟째 달이 되면 그 뜻과 꾀가 생기고 아홉 개의 구멍이 뚜렷하게 되느니라. 어머니가 잉태한 지 아홉째 달이 되면 태아가 어머니의 뱃속에서 무엇인가를 먹게 되는데, 복숭아나 배나 마늘은 먹지 말고 오곡五穀만을 먹도록 하라. 어머니의 위장은 아래로 향하고, 대장은 위로 향한 사이에 한 산이 있는데 세 가지 이름을 갖느니라. 첫째 이름은 수미산須彌山이요, 둘째 이름은 업산業山이요, 셋째 이름은 혈산血山이니라. 이 산이 한 번 무너지게 되면 변하여 한 덩어리의 엉긴 피가 되어서 태아의 입속으로 흘러 들어가게 되느니라. 어머니가 잉태한 지 열 달이 되면 마침내 태어나게 되는데 만일 효순孝順한 아이라면 두 손을 모아 합장하고 나오게 되므로 어머니의 몸을 상하지 않게 되느니라. 그러나 만일 오역五逆의 죄를 범할 자식이라면 어머니의 모태母胎를 깨뜨리고 손으로는 어머니의 심장이나 간을 움켜쥐며, 다리로는 어머니의 골반을 힘주어 밟고 서서 어머니로 하여금 마치 일천 개의 칼로 배를 쑤시며 일만 개의 칼로 심장을 저미는 것처럼 고통을 주게 되느니라. 이렇게 고통을 주고 이 몸을 받아 태어났음에도 불구하고 오히려 그 위에 또 열 가지 은혜를 더 갖게 되느니라."

제4분. 낳으시고 기르신 은혜

첫째는 아이를 배어서 지키고 보호해 주신 은혜이다(회태수호은懷胎守護恩).

이것을 게송으로 읊어 본다.

여러 겁에 내려오며 인연이 무거울 사
금생에도 다시 와서 모태에 들었네.
달 지나고 달 지나서 오장이 생겨나고,
일곱 달이 흘러서 육정이 열리도다.
한 몸뚱이 무겁기는 산악과 한가지요,
행동거지 할 때마다 바람 피해 조심하며,
좋고 좋은 비단 옷도 모두 다 입지 않고,
매일 보던 거울에는 티끌만 붙었도다.

〈그림 3〉 회태수호은

둘째는 아이를 낳으실 때 고통을 받으신 은혜이다(임산수고은臨産受苦恩).

이것을 게송으로 읊어 본다.

아이를 품에 배고 열 달 지나서
어려운 해산날이 다가오면
밤 지나 아침마다 중병 든 사람 같고,
나날이 종신조차 혼미해지네.
두렵고 겁난 마음 어이 다하리.
근심 짓는 눈물은 흉금을 채우고,
슬픈 빛을 띠며 주위에 하는 말
이러다가 죽지나 않을는지 겁이 납니다.

〈그림 4〉 임산수고은

셋째는 자식을 낳았다고 근심을 잊어버리신 은혜이다(생자망우은生子忘憂恩).

이것을 게송으로 읊어 본다.

자비로운 어머니 그대 낳은 날
오장육부 모두가 벌려나간 듯
몸이나 마음이나 모두 기절해
피를 흘려 놓은 것 짐승 잡은 듯
낳은 아이 건강하단 말을 들으면
마음에 기뻐함이 평시 두 곱절
그러나 기쁨 지나 찾아오는 걱정은
아픔이 심장까지 사무침이라.

〈그림 5〉 생자망우은

넷째는 입에 쓴 것이면 삼키고 단 것이면 뱉어서 먹이신 은혜이다(인고토감은咽嚥苦吐甘恩).

이를 게송으로 읊는다.

무겁고도 깊은 것은 부모님의 은혜로다.
귀여워하고 사랑하심 한 때도 변치 않네.
단것이란 다 뱉으니 잡수실 게 무엇이며
쓴 것만을 삼키셔도 싫어함이 없으시네.
사랑하심 무거울사 정을 참기 어려우며
은혜 더욱 깊으시어 다시 슬픔 더하도다.
언제나 한 생각 자식 배부르기만 바라고
자비하신 어머님은 굶주림도 사양 않네.

〈그림 6〉 인고토감은

다섯째는 마른 데로 아기를 돌려 누이시고 자기는 젖은 자리로 나아가시던 은혜이다(추건취습은推乾就濕恩＝廻乾就濕恩).

이를 게송으로 다시 읊는다.

어머니 당신 몸은 젖은 데 누우시고
아기는 안아서 마른자리 눕히시네.
두 젖으로는 목마름을 채워 주시고
고운 옷소매로는 찬바람 가려 주시네.
아이 걱정에 밤잠을 설치시고
아이 재롱에 기쁨을 누리시네.
오로지 어린아이 편케만 하시고
자비하신 어머니는 편함을 구하지 않네.

〈그림 7〉 추건취습은

여섯째는 젖을 먹여 길러주신 은혜이다(유포양육은乳哺養育恩).
이를 게송으로 읊는다.

어머님의 깊은 은혜 땅과도 같고
아버님의 높은 은혜 하늘과 같네.
덮은 하늘 실은 땅이 은혜 같으니
아버지와 어머니도 그 역시 한 뜻
두 눈이 없어도 좋아하는 마음 끝이 없고
손과 발이 없다 해도 귀여워하시네.
배를 갈라 친히 낳은 자식이라서
온종일 아끼시며 사랑하시네.

〈그림 8〉 유포양육은

일곱째는 깨끗하지 못한 것을 씻어주신 은혜이다(세탁부정은洗濯不淨恩).

이를 게송으로 읊는다.

생각컨대 옛날의 아름답던 그 얼굴
아리따운 자태, 소담하신 몸매
푸른 눈썹은 버들잎 색 같으시고
붉은 두 뺨은 연꽃 빛을 얹은 듯
은혜가 깊을수록 이 모습 여위시고
더러움을 씻다보니 이마에 주름만 느네.
오로지 아들 딸 사랑하시느라고
자비한 어머니의 얼굴이 저리 변하였네.

〈그림 9〉 세탁부정은

여덟째는 자식을 위해 나쁜 일을 하시는 은혜이다(위조악업은爲造惡業恩).

이를 게송으로 읊는다.

강처럼 산처럼 중하신 아버지 어머니 은혜
깊을사 그 은혜는 정말 갚기 어려워라.
자식이 괴로우면 대신 받기 원하시고
아이가 수고하면 어미 마음 편치 않네.
자식이 먼 길 떠난다는 말 들으시면
가는 길 밤 추위 실로 걱정하시네.
딸이나 아들이나 잠깐 동안 괴로워도
어머니 마음은 오래도록 슬프도다.

〈그림 10〉 위조악업은

아홉째는 자식이 멀리 떠나가면 생각하고 염려하시는 은혜이다(원행억념은遠行憶念恩).

이것을 게송으로 읊는다.

죽어서 이별이야 말할 것도 없거니와,
살아서 생이별 더욱 마음 아파
자식이 집 떠나 멀리 나가면
어머니의 마음 또한 타향이 집이라네.
낮이나 밤이나 자식 뒤좇는 마음
흐르는 눈물은 천 갈래인가, 만 갈래인가.
새끼를 사랑하는 어미 원숭이 울음처럼
염려의 마음은 애간장이 끊기네.

〈그림 11〉 원행억념은

열째는 끝없는 자식 사랑으로 애태우시는 은혜이다(구경연민은究竟憐愍恩).

이것을 게송으로 읊는다.

부모의 크신 은혜 깊고도 무거워
베푸신 크신 사랑 그칠 새 없네.
앉으나 일어서나 마음을 놓지 않고
멀든지 가깝든지 항상 함께하시네.
어머니 높은 나이 백 살이 되셔도
팔십 된 그 자식을 항상 걱정하시네.
부모님의 이 사랑 언제 끊어지리까?
이 목숨 다하여야 비로소 떠나가리.

〈그림 12〉 구경연민은

제5분. 불효

부처님께서 아난에게 이르셨다.

"내가 중생을 보니 비록 사람 모양은 갖추었으나 마음과 행실이 어리석고 어두워서 이토록 큰 부모의 은덕이 있는 것을 생각하지 아니하고 공경심을 내지 않으며, 은혜를 저버리고 덕을 배반하며, 어질고 자비한 마음이 없어서 효도하지 않고 의리가 없더라.

어머니가 아기를 가진 열 달 동안은 일어서고 앉는 것이 편하지 아니하여 마치 무거운 짐을 진 것 같고, 음식이 잘 내리지 않아 마치 큰 병이 든 사람과 같으니라.

달이 차서 아기를 낳을 때는 한없는 온갖 고통을 받으며, 잠깐 잘못으로 죽게 될까 두려워하며, 돼지나 양을 잡은 것 같이 피가 흘러 바닥을 적시느니라. 이런 고통을 겪으면서도 자식을 낳으신 후에는 쓴 것은 삼키시고 단 것은 뱉어서 아기에게 먹이면서 품안에 안아서 기르느니라. 더러운 것은 말끔히 씻어 내고, 아무리 힘들어도 싫어하지 않으시며, 더운 것도 참고 추운 것도 참아 고생하는 것을 사양하지 않느니라.

마른 데는 아기를 눕히고 젖은 데는 어머니 차지니라. 삼 년 동안 어머니의 흰 피를 먹고 자라나서 동자가 되고 점점 나이가 차 가면 예절과 도의를 가르치며, 장가들이고 시집보내고 벼슬도 시키고 직업도 갖게 하느니라. 수고롭게 가르치고 정성 들여 기르는 일이 끝나도 부모의 은혜로운 정은 끝나지 않느니라. 자식들이 병이 나고 병이 나으면 부모의 병도 바야흐로 낫느니라. 이렇게 양육하여 어서 어른이 되기를 바라느니라. 자식은 드디어 장성한 뒤에는 도리어 효도를 하지 않느니라. 존친들과 더불어 이야기함에도 그 웅대함이 불공스럽고, 심지어 눈 흘기고 눈알을 부라리며, 부모의 형제도 속이고 업신여기며, 형제간에 때리고 욕하며 친척들을 헐뜯고 예절과 의리가 없으며, 스승의 가르침도 따르지 않고 부모의 가르침이나 분부도 따르지 않느니라.

형제간이 함께 한 말도 짐짓 지키지 않으며, 출입 왕래를 어른께 아뢰지 않고 말과 행실이 어긋나 스스로 교만하고 함부로 일을 처리하느니라. 부모로서 이를 훈계하고 책망하며 백부나 숙부들이 그 잘못을 타일러야 하는데도 어려서부터 어여쁘게만 생각하여 존장들이 덮어두기만 하니, 그가 점점 장성하면서 거칠어지고 잘못되느니라. 잘못한 일을 고치려 하지 아니하고 잘못을 일러주면 오히려 성을 내고 원망하며, 착한 여러 벗을 버리고 악한 사람을 가까이하느니라. 이러한 습성이 거듭되어 성격을 이루게 되니, 드디어 나쁜 계교를 꾸미게 되고 남의 꾐에 빠져 타향으로 도망쳐 가기도 하느니라.

이와 같이 부모를 배반하며 집을 떠나고 고향을 등져 혹 장사 길로 나아가기도 하고 전쟁에 나가기도 하여 이럭저럭 지내다가, 장가를 들게 되면 이것이 걸림이 되어 오래도록 집에 돌아오지 못하게 되느니라. 혹은 타향에서 지내는 동안 조심하지 않다가 남의 꾐에 빠져 횡액을 만나 잡힌 몸이 되어 끌려 다니기도 하고, 억울하게 형벌을 받기도 하며 감옥에 갇히어 목에 칼을 쓰고 발목에 쇠사슬을 차기도 하며, 혹은 병을 얻어 고난을 당하거나 모진 액난에 얽혀 어렵고 고통스럽고 배고프고 고달파도 아무도 돌봐주는 사람이 없게도 되느니라.

또 남의 미움과 천대를 받아 길거리에 나와 앉아 의지할 데 없다가 마침내 죽게 되어도 누가 그를 보살펴 줄 사람도 없고, 이윽고 죽으면 시체가 붓고 썩어서 볕에 쪼이고 바람에 맞아 백골이 아무렇게나 타향 땅에 굴러다니게 되니, 친족들과 즐겁게 만난다는 것은 영영 어긋나고 마느니라. 이렇게 되면 부모의 마음은 자식을 따라 길이 근심 걱정하나니, 혹은 피눈물로 울다가 눈이 어두워져 마침내 멀기도 하며, 혹은 너무 슬퍼하다가 기운이 쇠진하여 병들기도 하느니라.

자식 생각에 끝내 쇠약하여 마침내 죽기도 하며, 외로운 혼이 되어서도 끝내 자식 생각을 잊어버리지 못하느니라. 혹은 다시 들으니 자식이 효도와 의리를 숭상하지 아니하고 나쁜 무리들을 따라서 어울려서 추악하고 우악스러운 건달패가 되어 무익한 일을 즐겨 익히고 남과 싸우고 때리며, 또는 도둑질을 하고 마을의 풍속을 범하며 술 마시고 노름하고 여러 가지 과실을 저지르느니라. 이로 인하여 형제에까지 누가 미치고 부모에게 큰 걱정을 끼치느니라. 새벽에 집을 나가 늦게 집에 돌아와서 부모에게 항상 근심하게 하느니라.

또 부모가 지내는 사정과 춥고 더운 것을 아는 체 아니 하고, 초하루와 보름에도 문안드리지 아니하며, 길이 부모를 편히 모실 것을 생각하지 않고 부모가 나이 많아 모양이 쇠약하고 파리하게 되면 남이 볼까 부끄럽다고 구박하고 괄시하느니라. 혹은 또 아버지가 홀로 되거나 어머니가 홀로 되어 혼자서 빈 방을 지키게 되면 마치 손님이 남의 집에 붙어있는 것처럼 여겨서 평상이나 자리에 흙이 쌓여도 한 번도 씻을 때가 없으며, 부모가 있는 곳에 들어가 문안하거나 보살피는 일이 없기도 하느니라.

방이 춥거나 덥거나 또는 부모가 배고파하거나 목 말라하는 것을 일찍이 아는 체하지 않느니라. 이렇게 되니 부모는 밤낮으로 항상 탄식하고 슬퍼하게 되느니라. 혹 맛있는 음식이 있으면 마땅히 부모에게 가져가서 봉양해야 하는데도 매양 거짓으로 부끄러운 체하며, 또 다른 사람이 웃는다 하면서도 이것을 가져다가 제 아내나 자식에게 주나니, 이것이 추하고 못된 짓이고 괴로운 일일지라도 수고로움도 부끄러움도 피하지 않느니라.

또 아내와의 약속은 무슨 일이든지 다 좇으면서 어른의 말씀과 꾸지람은 전혀 어렵거나 두렵게 생각하지 않느니라. 혹 딸자식으로서 남의 배필이 되어 가면 시집가기 전에는 모두가 효순하던 것이 시집간 이후에는 불효한 마음이 늘어가기도 하느니라.

성이 다른 남편 쪽의 종친에게는 정이 깊고 사랑이 두터우면서 자기의 친족들은 도리어 멀리하느니라. 혹 남편을 따라서 타향으로 옮겨 가게 되면 부모를 이별하면서도 도무지 사모하는 생각이 없으며, 소식이 끊기고 편지도 없어서 부모로 하여금 창자를 끌어내고 거꾸로 매달리는 듯한 고통을 받으며 매양 딸의 얼굴을 보고 싶어 하기를 마치 목마를 때 물을 생각하듯이 잠시도 끊일 날이 없게 하느니라. 부모의 은덕은 이와 같이 한량없고 끝이 없건만 이 은덕을 배반하고 가지가지로 불효하는 허물은, 그것을 졸지에 다 말하기 어려우니라."

제6분. 보은의 어려움

이때 모든 사람들이 부처님께서 말씀하신 부모님의 은덕을 듣고 몸을 일으켜 땅에 던지고 스스로 부딪혀 몸의 털구멍마다 모두 피를 흘리며 기절하여 땅에 쓰러졌다가 한참 후에 깨어나서 큰소리로 부르짖었다.

"슬프고 슬퍼서 마음이 아프옵니다. 우리들은 이제야 죄인임을 깊이 알게 되었습니다. 그동안은 아무것도 몰라 깜깜하기가 마치 밤에 바위 위에서 노는 것과 같더니, 이제야 비로소 잘못된 것을 깨닫고 보니 심장과 쓸개가 모두 부서지는 듯싶습니다. 원하옵건대, 부처님이시여! 불쌍히 여기시어 구원하여 주시옵소서! 어떻게 하여야 부모님의 은혜를 갚을 수 있겠나이까?"

이때 부처님께서는 여덟 가지의 맑고 깊으며 깨끗한 음성으로 여러 사람들에게 말씀하셨다.

"너희들은 마땅히 알라, 내가 이제 너희들을 위하여 분별하여 설명하리라. 가령 어떤 사람이 왼쪽 어깨에 아버지를 업고, 오른쪽 어깨로는 어머니를 업어 피부가 닳아서 뼈에 이르고, 뼈가 닳아서 골수에 이르도록 수미산을 백천 번 돌더라도 오히려 부모님의 은혜는 다 갚을 수가 없느니라. 가령 어떤 사람이 굶주리는 흉년을 당하여 부모님을 위해 자신의 온 몸뚱이를 도려내어 티끌 같이 잘게 갈아서 백천 겁이 지나도록 하여도 오히려 부모님의 깊은 은혜는 다 갚을 수 없느니라. 가령 어떤 사람이 손에 잘 드는 칼을 가지고 부모님을 위하여 자신의 눈동자를 도려내어 부처님께 바치기를 백천 겁이 지나도록 하여도 오히려 부모님의 깊은 은혜를 다 갚을 수 없느니라. 가령 어떤 사람이 부모님을 위해 아주 잘 드는 칼로 자신의 심장과 간을 베어 피가 땅을 적시더라도 아프다는 말을 하지 않고 괴로움을 참으며 백천 겁[2]이 지난다 하더라도

2 겁은 산스크리트 'kalpa'의 음역으로 범천梵天의 하루에 해당하는 시간이다. 곧 인간세계의 4억3천2백만 년을 1겁이라 한다.

오히려 부모님의 깊은 은혜는 다 갚을 수 없느니라. 가령 어떤 사람이 부모님을 위해 아주 잘 드는 칼로 자신의 몸을 찔러 칼날이 좌우로 드나들기를 백천 겁이 지나도록 하더라도 오히려 부모님의 깊은 은혜를 갚을 수가 없느니라. 가령 어떤 사람이 부모님을 위하여 몸을 심지로 삼아 불을 붙여서 부처님께 공양하기를 백천 겁이 지나도록 하더라도 오히려 부모님의 깊은 은혜를 갚을 수가 없느니라. 가령 어떤 사람이 부모님을 위해 뼈를 부수고 골수를 꺼내며, 또는 백천 개의 칼과 창으로 몸을 쑤시기를 백천 겁이 지나도록 하여도 오히려 부모님의 은혜는 갚을 수가 없느니라. 가령 어떤 사람이 부모님을 위하여 뜨거운 무쇠 탄환을 삼켜 온 몸이 불타도록 하기를 백천 겁이 지나도록 하여도 오히려 부모님의 깊은 은혜는 다 갚을 수가 없느니라."

이때 모든 사람들은 부처님께서 말씀하시는 부모님의 깊은 은덕을 듣고 눈물을 흘리고 슬피 울면서 부처님께 여쭈었습니다.

"부처님이시여! 저희들은 이제야 크나큰 죄인임을 알았습니다. 어떻게 하여야 부모님의 깊은 은혜를 갚을 수 있겠습니까?"

부처님께서 제자들에게 말씀하셨다.

"부모님의 은혜를 갚으려거든 부모님을 위하여 이 경을 쓰고, 부모님을 위하여 죄와 허물을 참회하고, 부모님을 위하여 재계를 받아서 지니고, 부모님을 위하여 보시하고, 복을 닦을 것이니라. 만일 이와 같이 한다면 이는 효도하고 순종하는 자식이라 할 것이요, 그렇지 못한다면 이는 지옥에 떨어질 사람이니라."

제7분. 불효의 과보

부처님께서 다시 아난존자에게 말씀하셨다.

"불효한 자식은 목숨을 마치게 되면 아비무간지옥에 떨어지느니라. 이 큰 지옥은 길이와 넓이가 팔만 유순이나 되고, 사면은 무쇠 성으로 되어 있고, 그 주위는 다시 철망으로 둘러싸여 있느니라. 그리고 그 땅은 붉은 무쇠로 되어 있는데 맹렬한 불길이 훨훨 타오르며, 우레가 치고 번개가 번쩍이느니라. 여기서 끓는 구리와 무쇠 물을 죄인의 입에 부어 넣으며, 무쇠로 된 뱀과 구리로 된 개가 항상 연기와 불꽃을 토하는데, 이 불은 죄인을 태우고 지지고 볶아 기름이 지글지글 끓게 되니 그 고통과 슬픔은 견딜 수가 없느니라. 그 위에 무쇠 채찍과 무쇠 꼬챙이, 무쇠 망치와 무쇠 창, 그리고 칼과 칼날이 비와 구름처럼 공중으로부터 쏟아져 내려 사람들을 이리저리 베고 찌르느니라. 이렇듯 죄인들을 괴롭히고 벌을 내리는 것을 여러 겁이 지나도록 고통을 받게 하여 잠시도 쉴 사이가 없느니라. 또 이 사람을 다시 다른 지옥으로 데리고 가서 머리에 불화로를 이고, 무쇠로 만든 수레로 사지를 찢어서 창자와 뼈와 살이 불타고 찢어져서 하루에도 천만 번을 죽었다가 살아나게 하느니라. 이렇게 고통을 받는 것은 모두 전생에 오역의 불효한 죄를 지었기 때문에 이러한 죄를 받는 것이니라."

제8분. 은혜 갚는 길

이때에 여러 대중들이 부처님의 부모의 은덕 말씀을 듣고 눈물을 흘리고 슬피 울면서 부처님께 말씀드렸다.

"저희들은 이제 어떻게 해야 부모님의 깊은 은혜를 갚을 수 있겠습니까?"

부처님께서 제자들에게 이르셨다.

"부모님의 은혜를 갚으려거든, 부모님을 위하여 이 경전(부모은중경)을 다시 펴는 일을 한다면 이것이 참으로 부모님의 은혜를 갚는 것이 되느니라. 경전 한 권을 만들면 한 부처님을 뵐 수 있을 것이오, 열 권을 만들면 열 부처님을 뵈올 수 있을 것이오, 백 권을 만들면 백 부처님을 뵈올 수 있을 것이오, 천 권을 만들면 천 부처님을 뵈올 수 있을 것이오, 만 권을 만들면 만 부처님을 뵈올 수 있을 것이니라. 이렇게 한다면 이런 사람은 경전을 만든 공덕으로 말미암아 모든 부처님들이 오셔서 항상 보호해 주시는 까닭에 이 사람의 부모로 하여금 천상으로 태어나게 하여 여러 가지 즐거움을 받으며, 영원히 지옥의 괴로움을 면하게 할 것이니라."

제9분. 경의 이름(유통분)

이때에 여러 대중 가운데 있던 아수라阿修羅, 가루라加樓羅, 긴나라緊那羅, 마후라가摩候羅伽, 인비인人非人 등과 천天, 용龍, 야차夜叉, 건달바乾達婆와 또 여러 작은 나라의 왕들과 전륜성왕轉輪聖王 등 모든 대중들이 부처님의 말씀을 듣고 각각 이렇게 원을 발하여 말하였다.

"저희들은 오는 세상이 다할 때까지 차라리 이 몸이 부서져 작은 티끌과 같이 되어서 백천 겁을 지나더라도 맹세코 부처님의 가르침을 어기지 않겠습니다. 또 차라리 백천 겁 동안 혀를 백 유순이 되도록 빼어내어 이것을 쇠 보습으로 갈아서 피가 흘러 강을 이룬다 해도 맹세코 부처님의 가르침을 어기지 않겠습니다. 또 차라리 백천 자루의 칼로 이 몸을 좌우로 찌르고 뽑아내더라도 맹세코 부처님의 가르침을 어기지 않겠습니다. 또 차라리 쇠 그물로 이 몸을 두루 감아 얽어서 백천 겁을 지나더라도 맹세코 부처님의 가르침을 어기지 않겠습니다. 또 차라리 작두와 방아로 이 몸을 썰고 찧고 하여 백천만 조각을 내어 가죽과 살과 힘줄과 뼈가 모두 가루가 되어 백천 겁을 지나더라도 끝까지 부처님의 가르침을 어기지 않겠습니다."

이때에 아난이 부처님께 말씀드렸다.

"세존이시여, 이 경은 이름이 무엇이오며, 저희들이 어떻게 받들어 지니오리까?"

부처님께서 아난에게 이르셨다.

"이 경은 이름을 대보부모은중경大報父母恩重經이라 할 것이니, 이 이름으로 너희들이 항상 받들어 가질지니라."

이때 모든 대중 가운데 하늘, 인간, 아수라 등이 부처님의 말씀을 듣고 모두 크게 기뻐하여 이 말씀을 믿고 받들어 그대로 행할 것을 맹세하고 절하며 물러갔다.

보부모은 진언報父母恩眞言

나모 삼만다 못다남 옴 아아나 사바하 (7번)

대보부모은중 진언大報父母恩重眞言

나모 삼만다 못다남 옴 아아나 사바하 (7번)

다생부모 왕생정토 진언

나모 삼만다 못다남 옴 싯데율이 사바하 (7번)

◆문제 풀어보기

1. 다음의 내용과 관계가 없는 것은?

> 어느 때에 세존께서 대중들과 함께 남방으로 나아가시다가 한 뼈 무더기를 보시더니 오체를 땅에 붙이시어 그 마른 뼈를 정중히 예배하셨다. 이를 본 아난과 대중이 "세존이시여, 여래께서는 바로 삼계의 큰 스승이시며 사생四生의 어버이시라, 여러 사람들이 귀의하고 공경하옵거늘 어찌하여 이름 모를 뼈 무더기에 친히 절을 하시옵니까?"라고 말씀드렸다.
> 그러자 부처님은 이렇게 말씀하셨다. "이 한 무더기의 마른 뼈가 어쩌면 내 전생의 조상이거나 여러 대에 걸친 부모일 것이므로 내가 지금 예배한 것이니라."

① 불교의 효 사상을 보여주고 있는 가르침으로 유명한 『부모은중경』의 내용이다.

② 부처님께서 사위국 왕사성에 있는 기수급고독원(기원정사)에서 설하신 것이다.

③ 부처님께서 몸소 뼈 무더기에 오체투지의 예로써 공경을 표하고 있다는 것을 알 수 있다.

④ 기원정사는 가란타 장자가 보시한 사찰이다.

2. 다음은 『부모은중경』에 나타난 불교의 효 사상이다. 부모님에 대한 열 가지 무거운 은혜에 해당되지 않는 것은?

① 회탐수호은: 아이를 배어서 지키고 보호해 주신 은혜
② 연고토감은: 입에 쓴 것이면 삼키고 단것이면 뱉어서 먹이신 은혜
③ 구경연민은: 끝없는 자식 사랑으로 애태우시는 은혜
④ 위조악업은: 자식을 위해 나쁜 일은 하지 않는 은혜

3. 다음은 『부모은중경』에서 말한 불효에 해당하지 않는 것은?

① 부모님을 대할 때 불공스럽고 눈을 흘기고 눈알을 부라린다.
② 출입왕래를 부모님께 알리지 않고 말과 행동이 같지 않고 교만을 뜬다.
③ 부모가 나이 많아 모양이 쇠약하고 초라해지게 되면 남이 볼까 부끄럽다고 생각한다.
④ 부모님을 위하여 죄와 허물을 반성하고 보시한다.

4. 다음의 내용과 관계가 있는 것은?

> 부처님께서 아난존자에게 말씀하였다.
> “불효한 자식은 목숨을 마치게 되면 아비무간지옥에 떨어지느니라. 이 큰 지옥은 길이와 넓이가 팔만 유순이나 되고, 사면에는 무쇠 성으로 되어 있고, 그 주위에는 다시 철망으로 둘러싸여 있느니라. 그리고 그 땅은 붉은 무쇠로 되어 있는데, 맹렬한 불길이 훨훨 타오르며, 우레가 치고 번개가 번쩍이느니라. 여기는 끓는 구리와 무쇠 물을 죄인의 입에 부어 넣으며, 무쇠로 된 뱀과 구리로 된 개가 항상 연기와 불꽃을 토하는데, 이 불은 죄인을 태우고 지지고 볶아 기름이 지글지글 끓게 되니 그 고통과 슬픔은 견딜 수가 없느니라. 이렇게 고통을 받는 것은 모두 전생에 오역의 불효한 죄를 지었기 때문이니라.”

① 불효의 과보　　② 보은의 어려움
③ 부모님의 소중한 은혜　　④ 잉태의 괴로움

〈생각해 봅시다〉

1. 부모님의 10가지 무거운 은혜에 대하여 생각해 보자.

2. 일상생활에서 부모님께 보은報恩할 수 있는 방법으로 무엇이 있는지 생각해 보자.

참고문헌

◎ 약어(본문 각주에 쓰인 약어도 동일)
『大正新脩大藏經』 'T'로 약칭.
『藏外佛教文獻』 'W'로 약칭.
『嘉興大藏經』 'J'로 약칭

1. 원전

佛陀耶舍共竺佛念譯, 『長阿含經』 第2卷(T1)
施護譯, 『佛說大集法門經』 卷上(T1)
瞿曇僧伽提婆譯, 『中阿含經』 第21卷, 第60卷(T1)
施護, 『大集法門經』 第1卷(T1)
求那跋陀羅譯『雜阿含經』第7卷, 第8卷, 第13卷, 第14卷, 第29卷, 第39卷, 第43卷, 第44卷(T2)
釋道安撰, 『增壹阿含經』 第21卷(T2)
求那跋陀羅譯, 『過去現在因果經』 第3卷(T3)
竺大力共康孟詳譯, 『修行本起經』 下(T3)
闍那崛多譯, 『佛本行集經』 卷第三十四(T3)
地婆訶羅 譯, 『方廣大莊嚴經』 第10卷(T3)
康僧會譯, 『舊雜譬喩經』 第1卷(T4)
慧覺等譯, 『賢愚經』 第3卷 「빈녀난타품」(T4)
尊者法救撰, 『法句經』 第2卷(T4)
馬鳴菩薩造, 曇無讖譯, 『佛所行讚』 第1卷(T4)
玄奘, 『大寶積經』 第35卷(T11)
法護等譯, 『佛說大乘菩薩藏正法經』 第34卷(T11)
釋道龔譯, 『大寶積經』 第114卷, 「乞食比丘品」 第六(T11)
미상, 『佛說父母恩難報經』 第1卷(T16)
後漢安息國三藏安世高譯, 『佛說分別善惡所起經』(T17)

阿地瞿多譯,『陀羅尼集經』 第1卷(T18)
竺佛念譯,『菩薩瓔珞本業經』 卷上(T24)
曇無讖譯,『優婆塞戒經』 第6卷(T24)
義淨譯,『根本說一切有部毘奈耶破僧事』 第5卷(T24)
龍樹菩薩造, 鳩摩羅什譯,『大智度論』 第50卷(T25)
尊者世親造, 玄奘譯,『阿毘達磨俱舍論』 第29卷「분별정품」(T29)
安慧菩薩糅, 玄奘譯,『大乘阿毘達磨雜集論』 卷第一(T31)
世親菩薩造, 玄奘譯,『大乘五蘊論』 第1卷(T31)
婆藪跋摩造, 眞諦譯,『四諦論』 卷第一(T32)
龍樹菩薩撰, 僧伽跋摩譯,『勸發諸王要偈』 第1卷(T32)
慧遠,『大乘義章』 第5卷(T44)
미상,『父母恩重經』 第1卷(T85)
陳明光,『父母恩重經變經文偈頌』 第1卷(W)
實謹編,『大藏一覽』 第3卷(J21)
미상,『佛說大報父母恩重經』(조선시대 간행)

2. 단행본

계환,『상식으로 만나는 불교』, 정우서적, 2007.
김호식,『성서론』, 갈릴리출판사, 2002.
대한불교조계종 포교원,『불교입문』, 조계종출판사, 2017.
대한불교조계종 포교원연구실 편저,『포교사고시: 예상문제집』, 조계종출판사, 2003.
대한불교조계종 포교원 엮음,『(2018년 대비) 포교사고시: 예상문제집』, 조계종출판사, 2017.
대한불교조계종 교육원,『僧伽考試豫想問題集: 大韓佛敎曹溪宗 4급』, 조계종출판사, 2001.
대한불교조계종 교육원,『부처님의 생애』, 조계종출판사, 2010.
법정 옮김,『숫타니파타』, 샘터, 1994.
석지현 옮김,『숫타니파타』, 민족사, 1997.
정승석,『인간학 불교』, 정우서적, 2006.

◆문제 풀어보기 정답

제1강 불교의 종교적 이해

1. ③ 2. ③ 3. ③ 4. ① 5. ② 6. ① 7. ③ 8. ④ 9. ① 불보 ② 교법 ③ 승보 ④ 화합 10. ① 인간의 인식능력 ② 우주의 생성 ③ 전개 ④ 소멸 11. ③ 12. ④ 13. ③ 14. ④ 15. ① 진리, 법 ② 지혜 ③ 인격

제2강 석가모니 부처님의 생애

1. ③ 2. ①자기 자신 ② 법=진리 ③ 남 ④ 무상 3. ③ 4. ③ 5. ① 6. ③ 7. ④ 8. ③ 9. ④ 10. ② 11. ③ 12. ② 13. ① 14. ④ 15. ④ 16. ① 17. ④ 18. ④

제3강 세상의 이치는 무엇인가? 연기법

1. ④ 2. ③ 3. ③ 4. ② 5. ③ 6. ① 7. ① 생生 ② 멸滅 8. ① 9. ③ 10. ② 11. ③ 12. ① 13. ① 14. ④ 15. ③ 16. ④ 17. ④ 18. ③ 19. ④ 20. ④ 21. ④

제4강 성스러운 삶에 이르는 4가지 진리란 무엇인가?

1. ② 2. ③ 3. ③ 4. ④ 5. ④ 6. ③ 7. ③ 8. ① 9. ③ 10. ④ 11. ② 12. ③ 13. ③ 14. ② 15. ① 애별리고愛別離苦 ② 원증회고怨憎會苦 ③ 구부득고求不得苦 ④ 오음성고五陰盛苦

제5강 삼과설에 대한 이해-불교의 존재론적 입장은 무엇인가?

1. ③ 2. ① 3. ④ 4. ③ 5. ④ 6. ② 7. ③ 8. ① 눈과 색 ② 귀와 소리 ③ 코와 냄새 ④ 혀와 맛 ⑤ 몸과 촉감 ⑥ 의지와 법 9. ④ 10. ③ 11. ③ 12. ④

제6강 우리의 삶은 어떻게 계속되는가? - 업과 윤회

1. ④ 2. ④ 3. ①·③ 4. ④ 5. ② 6. ④ 7. ③ 8. ② 9. ① 10. ① 11. ④ 12. ④ 13. ④ 14. ① 15. ②

제7강 삼독과 사종탐에 대한 이해

1. ③ 2. ③ 3. ④ 4. ② 5. ④ 6. ④ 7. ① 탐욕(貪) ② 분노(瞋) ③ 어리석음(痴) ④ 삼독三毒 ⑤ 근본번뇌根本煩惱 ⑥ 무명無明 8. ④ 9. ① 현색탐顯色貪 ② 형색탐形色貪 ③ 묘촉탐妙觸貪 ④ 공봉탐供奉貪 ⑤ 사종탐四種貪 10. ⑤ 11. ④ 12. ① 13. ③ 14. ④

제8강 부파불교와 대승불교의 실천수행법, 육바라밀

1. ① 2. ④ 3. ④ 4. ④ 5. ③ 6. ① 7. ④ 8. ③ 9. ④ 10. ② 11. ② 12. ② 13. ④ 14. ② 15. ④ 16. ④ 17. ④ 18. ③ 19. ③ 20. ① 자비의 실천 ② 탐욕의 마음 ③ 무주상無住相 21. ① 법시法施 ② 재시財施 ③ 무외시無畏施 22. ③ 23. ③ 24. ①

제9강 부처님은 어떻게 중생을 교화하였을까?

1. ② 2. ① 3. ② 4. ① 5. ② 6. ① 7. ① 보시섭布施攝 ② 애어섭愛語攝 ③ 이행섭利行攝 ④ 동사섭同事攝

제10강 불전사물이란 무엇이며, 불상의 수인에 깃든 의미는 무엇인가?

1. ③ 2. ② 3. ② 4. ① 5. ④ 6. ① 7. ① 8. ② 9. ③ 10. ① 11. ④

제11강 한국 사찰문화에 담긴 의미를 찾아서-사찰과 심우도, 공양

1. ① 2. ② 3. ③ 4. ④ 5. ③ 6. ② 7. ④ 8. ④ 9. ③ 10. ① 향 ② 해탈향 11. ① 12. ③ 13. 발우 공양의 정신 14. ① 15. ④

제12강 불교의 효 사상

1. ④ 2. ④ 3. ④ 4. ①

도업道業(姜琪善)

경남 사천 출생.
운문사 승가대학을 졸업하고, 동국대학교(서울) 일반대학원에서 석사 및 박사학위를 취득하였다.
대한불교조계종 '교육아사리'이자 동국대학교와 성공회대학교 강사로 재직 중이며, 저서로 『화엄경의 문학성 연구』(2013)를 출간하였다. 현대불교문인협회 시詩부문 신인상으로 등단(2000)하였으며, 시집 『하심下心』(2010)을 출간하였다.

궁금해요, 불교

초판 1쇄 발행 2018년 3월 14일 | 초판 2쇄 발행 2022년 1월 13일
지은이 도업 | 펴낸이 김시열
펴낸곳 도서출판 운주사
(02832) 서울시 성북구 동소문로 67-1 성심빌딩 3층
전화 (02) 926-8361 | 팩스 0505-115-8361
ISBN 978-89-5746-507-3 03220 값 14,000원
http://cafe.daum.net/unjubooks 〈다음카페: 도서출판 운주사〉